Topfit
IM MODEVERKAUF

CAY VON BROCKDORFF

# Topfit
# IM MODEVERKAUF

KUNDEN BERATEN · KUNDEN GEWINNEN
KUNDEN BINDEN

VERHALTENSTRAINING IM EINZELHANDEL

dfv DEUTSCHER FACHVERLAG

CIP-Titelaufnahme der Deutschen Bibliothek

Brockdorff, Cay Baron von:

Topfit im Modeverkauf: Kunden beraten, Kunden gewinnen, Kunden binden; Verhaltenstraining im Einzelhandel / Cay von Brockdorff. – 2. Auflage – Frankfurt/M.: Deutscher Fachverlag, 1989

ISBN 3-87150-294-4

ISBN 3-87150-294-4

2. Auflage



Umschlaggestaltung: Art + Work, Frankfurt

Satz: Mitterweger Werksatz GmbH, 6831 Plankstadt

Druck und buchbinderische Verarbeitung: Schwenk & Co. GmbH, Frankfurt am Main

# Inhaltsverzeichnis

# *Vorwort zur 2. Auflage*

Nach knapp zwei Jahren des Erscheinens ist die erste Auflage des Buches „Topfit im Modeverkauf" vergriffen.

Das ist Grund genug, eine kritische, inhaltliche Bilanz zu ziehen: Ist der Inhalt noch aktuell? Sind Beispiele zu verändern? Gibt es zwischenzeitlich neuere verkaufspsychologische Erkenntnisse, die berücksichtigt werden müssen?

Auf diese einen Autor beunruhigenden Fragen gibt es erfreulicherweise beruhigende Antworten:

Fachleute aus dem Bereich Training und Marketing-Kommunikation, auch außerhalb der Modebranche, die ich um kritische Stellungnahmen gebeten habe, gaben „grünes Licht" für einen unveränderten Nachdruck! Inhaltlich befinden wir uns mit „Topfit im Modeverkauf" immer noch auf dem neuesten Stand der Verkaufspsychologie. Natürlich werden – abhängig von regionalen sprachlichen Unterschieden – die Formulierungen in den Fallbeispielen unterschiedlich empfunden werden. Nur: es handelt sich um Beispiele und nicht um feststehende Kochrezepte! Sie sollen – wie das ganze Buch – bewußt machen, was im Dialog mit den Kunden möglich ist! Kundenorientiert, situationsbezogen und dem eigenen Wortschatz angepaßt! Nur so kann „Topfit im Modeverkauf" auch den Lesern dieser Neuauflage eine praktische Trainingshilfe im Alltag sein!

Viel Freude bei der Lektüre und viel Erfolg bei der Umsetzung in die berufliche Praxis!

Sophienlust, im Dezember 1988 — Cay von Brockdorff

# *Einleitung*

Die Medien berichten fast täglich, daß die Konjunktur höchst unterschiedlich verläuft: von Branche zu Branche, noch mehr von Firma zu Firma. Dies trifft auch auf den Einzelhandel zu. Erfolg haben seine Betriebe am ehesten, wenn sie flexibel auf Veränderungen im Markt reagieren und vor allem – wenn sie den Kunden in den Mittelpunkt all ihrer Bemühungen stellen.

Die Verbraucher sind kritischer, weil informierter. Und ihr Einkaufsverhalten ist sehr differenziert geworden. Sie haben ganz verschiedene Vorstellungen von dem, was mehr oder was weniger erstrebenswert ist, Wird in einem Fall größter Wert auf den Preis gelegt, kommt es in anderen Fällen eher auf den Service oder das Einkaufserlebnis an. Erwarten die einen Kunden ein modisches und aussagekräftiges Sortiment, wollen andere nur Einzelartikel, die sie gerade dringend brauchen.

Zudem sind die Verbraucher heute sensibler gegenüber jeder Kaufstätte. Damit steigen die Anforderungen an jedes Geschäft. Doch zugleich erhöhen sich seine Chancen, durch eine gezielte Verkaufsstrategie das Vertrauen der Kunden gegenüber Warenangebot und Dienstleistungen emotional wie rational abzusichern. Vertrauen ist die Voraussetzung dafür, daß Gelegenheitskunden zu Stammkunden werden. Und das enthält eine immer größere Bedeutung. Schon weil wir bei schrumpfender Bevölkerungszahl eine generelle Verlangsamung des Wirtschaftswachstums zu erwarten haben.

Vertrauen schaffen, Stammkunden gewinnen – hierbei sind Sie als Mitarbeiter(in) im Verkauf in erster Linie gefordert. Mit Ihrer Tätigkeit in der Modebranche üben Sie einen der faszinierendsten, vielseitigsten und abwechslungsreichsten Berufe aus. Seine schönen Seiten zeigen sich Ihnen umso eher, je mehr Sie Ihr Wissen erweitern, Ihre Fähigkeiten entwickeln und Ihre Leistungen verbessern. Damit Sie Mode noch erfolgreicher verkaufen – dazu will Ihnen dieses Buch verhelfen.

# *Sie und der Kunde*

## Psychologie menschlichen Verhaltens

In zahlreichen Verkaufstrainings habe ich die Teilnehmerinnen und Teilnehmer gefragt: „Haben Sie eine gute Menschenkenntnis?“ Sehr häufig antworteten sie: „Ich glaube schon, aber irren kann man sich immer!“ Aus meiner Erfahrung kann ich sagen, daß die vielen Kontakte, die Verkaufskräfte jeden Tag mit anderen Menschen haben, zu einer guten, praktischen Menschenkenntnis führen!

Diese Menschenkenntnis ist mehr intuitiver Natur. Rein gefühlsmäßig ordnen Sie den Kunden ein. Sie spüren, ob es sich um einen eitlen, arroganten oder einen bescheidenen bzw. schüchternen Menschen handelt. Sie empfinden – ohne daß nur ein Wort gewechselt wird – spontan Sympathie, Antipathie oder Gleichgültigkeit für Ihren Gesprächspartner. Darüber hinaus spüren Sie sogar instiktiv, ob Ihnen im Verlauf des Gesprächs Ihr Kunde Ihnen etwas vormacht oder nicht! Ihre Intuition und Ihr Gefühl sind Kräfte, die aus Ihrem Unbewußten wirken. Das Unbewußte spielt im Umgang mit Menschen eine sehr große Rolle.

Wenn Sie in der Lage sind, sich unbewußte Handlungen, Kaufsignale und Widerstände durch eine verschärfte Beobachtungsgabe bewußt zu machen, können Sie sich besser auf Ihre Kunden einstellen. Das trägt dazu bei, daß zwischen Ihren Kunden und Ihnen das gegenseitige Verständnis wächst. Jemanden verstehen heißt sich geistig an die Stelle des anderen begeben. Daraus erwächst Vertrauen, weil man dem Gesprächspartner zutraut, so zu denken, so zu handeln und zu entscheiden wie man selbst. Wenn Sie dieses Vertrauen ausstrahlen, fühlt sich jeder Kunde sicher und wohl. Das Gespräch wird deshalb einfacher. Die Verkaufserfolge häufen sich.

Sympathie, Vertrauen, Verständnis lassen sich nicht nach Patentrezepten gewinnen. Zu unterschiedlich sind die unbewußten Sehnsüchte,

Wünsche und Charakterstrukturen jedes Menschen. Die Zeit eines Verkaufsgesprächs ist viel zu kurz, als daß Sie als Verkäufer Ihre Kunden komplett erfassen könnten. Dennoch gibt es diesen gefühlsmäßigen ersten Eindruck, der Ihnen hilft, sich spontan auf den Gesprächspartner einzustellen.

## Die Eisbergtheorie

Sigmund Freud hat dies mit seiner Eisbergtheorie plastisch beschrieben. Wenn zwei Eisberge sich berühren, treffen sie zuerst unterhalb der Wasseroberfläche aufeinander. Der unsichtbar unter Wasser befindliche Teil eines Eisbergs symbolisiert das Unbewußte. Die aus dem Wasser herausragende Spitze stellt die Vernunft, das Bewußtsein dar. Im Unbewußten spielen sich Vorgänge wie Sympathie und Antipathie ab. Wenn der Kunde und Sie sich zuerst „gefühlsmäßig" nähern, reagieren die Körper unbewußt und reflexhaft, ja fast immer unkontrolliert durch kleine, aber entscheidende Signale. Diese Signale sollten Ihr weiteres Vorgehen beeinflussen. Denn nur, wenn Sie sich auf die Körpersignale Ihres Kunden einstellen, erfassen Sie auch seine Bedürfnislage. Wer die Bedürfnisse seines Kunden geschickt aufspürt, kann auch den Bedarf des Kunden wecken.

## Die Bedürfnispyramide

Abraham Maslow hat eine Hypothese zur Hierarchie menschlicher Bedürfnisse aufgestellt. Sie ist weitgehend als Maslowsche Bedürfnistheorie bekannt geworden. Maslow teilt die unzähligen Bedürfnisse in fünf Kategorien ein, die sich als Pyramide darstellen lassen.

**Bedürfnispyramide Maslow**

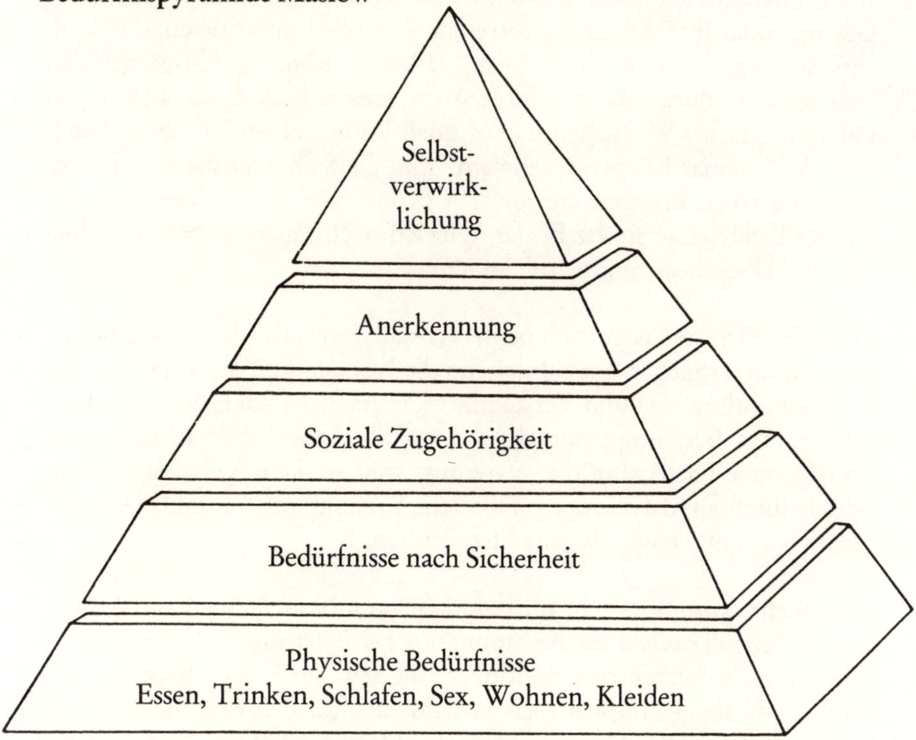


Nach Maslow hat jeder Mensch einen Drang nach Befriedigung aller in der Pyramide aufgezeigten Bedürfnisse. Die Reihenfolge beginnt auf der untersten Ebene der körperlichen Bedürfnisse, wie Essen, Trinken, Kleidung, Sex, Wärme etc.

Sind diese Bedürfnisse zu rund 25 % befriedigt, melden sich bereits Sicherheitsbedürfnisse. Sicherheitsbedürfnisse können sich sehr vielschichtig darstellen. Eine Verkehrsampel hilft genauso, das Sicherheitsbedürfnis eines Menschen zu befriedigen wie eine Lebensversicherung, ein Dach, ein Blindenhund oder ein Blitzableiter. Sicherheitsbedürfnisse tauchen in allen Lebensbereichen auf. Warensicherungsetiketten und Videokameras sollen den Einzelhändler vor Ladendiebstählen schützen. Der Gesetzgeber wiederum schützt die Verbraucher z.B. durch entsprechende Verordnungen vor nicht vertretbaren Risiken.

Auch Ihre Kunden haben ein starkes Sicherheitsbedürfnis, wenn sie Ihr Geschäft oder Ihre Abteilung betreten. Sie wollen sichergehen, die Kaufentscheidung frei und ohne Zwang fällen zu können. Einige Kunden wirken dabei durch die Art ihres Auftretens selbstsicherer und souveräner als andere. Wir gehen darauf noch im einzelnen bei der Behandlung des Themas Körpersprache ein. Sind die Sicherheitsbedürfnisse zu 25 % befriedigt, drängen die sozialen Bedürfnisse in den Vordergrund. Soziale Bedürfnisse sind z.B. der Wunsch nach Partnerschaft, Geselligkeit und Übereinstimmung mit anderen.

Diese Bedürfnisse lassen sich beim Verkaufsgespräch über Mode befriedigen. Kaufvergnügen entsteht, wenn die Kunden und die Verkaufskräfte Übereinstimmung und Verständnis füreinander finden. Viele Kunden scheuen das Beratungsgespräch und wählen lieber ohne Einschaltung kompetenter Fachkräfte die Ware aus, weil sie kein Vertrauen haben oder befürchten, daß sie der persönliche Kontakt zur Verkaufskraft veranlassen könnte, mehr als gewollt zu kaufen.

Umgekehrt kommt es sehr oft vor, daß Stammkunden die Kontaktfreudigkeit der Verkaufskräfte hemmungslos zur Befriedigung ihrer sozialen Bedürfnisse einsetzen. Bei Boutiquen, die sehr stark von ihren Stammkunden abhängig sind, hat man manchmal sogar den Eindruck, daß sie sich in einen Coffee-Shop verwandeln. Damen belagern die Inhaberin oder Geschäftsführerin, lassen sich bewirten und alle Warenneueingänge zeigen. Sie treten wie Freundinnen auf und fühlen sich möglicherweise auch so. Nur kaufen wollen sie kaum. Allenfalls des „schlechten Gewissens“ wegen kommt hin und wieder mal ein Umsatz zustande. Somit ist es eine sehr wichtige Aufgabe für Verkäuferinnen und Verkäufer, die sozialen Bedürfnisse ihrer Kunden in eine für beide Seiten angenehme Richtung zu steuern. Es gibt einen sehr wichtigen Satz der Psychologie:

*Sachentscheidungen werden über die Beziehungsebene getroffen.*

Kaufentscheidungen sind Sachentscheidungen. Wir werden uns deshalb noch ausgiebig mit diesem wichtigen Satz auseinandersetzen und uns überlegen, wie wir die Beziehungsebene zu unseren Kunden in angemessener Weise pflegen.

Sind die sozialen Bedürfnisse eines Kunden zu etwa einem Viertel befriedigt, tauchen Bedürfnisse nach Anerkennung auf. Anerkennungsbedürfnisse – etwa der Wunsch, innerhalb des Kollegen- und Freundeskreises beliebt zu sein – sind häufig die Antriebskräfte, das eigene Erscheinungsbild durch einen besonderen Stil zu prägen, zu pflegen oder zu verändern. So entsteht auch der Wunsch, sich modisch zu kleiden. Mode ist oft das Bindeglied zwischen sozialen Bedürfnissen und dem Bedürfnis nach Anerkennung. Modische Kleidung zu tragen bedeutet, sich abzuheben vom Üblichen. Wer sich für Mode entscheidet, folgt dem eigenen Wunsch, anderen zu gefallen. Wer sich für modische Kleidung entscheidet, entscheidet sich für einen neuen, wenn auch nur kurzlebigen „Zeitgeist" und reiht sich damit in die Gruppe derer ein, die das gleiche tun. Wer gegen den Trend handelt, handelt gegen die Gruppe und riskiert, nicht anerkannt zu werden.

Nach ausreichender Befriedigung der Bedürfnisse nach Anerkennung strebt der Mensch nach Selbstverwirklichung. Der Begriff „Selbstverwirklichung" ist sehr weit gefaßt. Wir können unter Selbstverwirklichung die Bestätigung eines Menschen durch die Erfüllung seiner Ziele oder das bewußte Anstreben der Grenzen seiner Leistungsfähigkeit verstehen. Wer in seinem Hobby, in seinem Beruf oder in seinen zwischenmenschlichen Beziehungen voll aufgeht und dabei Erfüllung findet, hat sich möglicherweise selbst verwirklicht.

Was Abraham Maslow in seiner Bedürfnistheorie außer acht gelassen hat, ist die Frage nach dem Sinn des Lebens. Sie geht über die Selbstverwirklichung hinaus.

Täglich werden wir mit brisanten Fragen zum Frieden, zum Umweltschutz, zum Terrorismus und zum Arbeitsmarkt konfrontiert. Fragen, die sich nicht von heute auf morgen klären lassen. Einzelne Menschen nehmen sie aber zum Anlaß, sich von den sogenannten Äußerlichkeiten wie Mode völlig zu lösen und sich auf die Suche nach der tieferen Bedeutung des Menschseins zu begeben.

Möglicherweise können wir diesen Menschen aber aufzeigen, daß die Suche nach dem Sinn des Lebens das Tragen von Mode keineswegs ausschließen muß. Denn zu einem erfüllten Leben gehört meines Erachtens mehr als nur die tiefgreifende Verinnerlichung von „weltbewegenden“ Fragen – nämlich auch die Freude am Leben. Mode ist Ausdruck dynamischen Wandels, erfrischender Spontaneität und ungetrübter Lebenslust. Versuchen Sie doch als aktive Verkaufskräfte, diese Lebensfreude zu vermitteln!

## *Zwischenbilanz (1)*

1. Durch den Wertewandel in der Gesellschaft sind die Verbraucher gegenüber den Angeboten des Handels kritischer geworden.

2. Verändertes Verbraucherverhalten, eine schrumpfende Bevölkerungszahl und eine teilweise Überversorgung der Kunden mit Ware erschweren den professionellen Verkauf von Mode.

3. Wer dank verbesserter Menschenkenntnis gezielter auf die Kunden eingeht, kann ihre Bedürfnisse besser erkennen.

4. Die erste Begegnung mit unseren Kunden wird überwiegend vom Gefühl gesteuert.

5. Bewußtsein und unbewußtes Verhalten sich wie die aus dem Wasser ragende Spitze des Eisberges zum unsichtbaren, um vieles größeren Rumpf.

6. Das Unbewußte unserer Kunden sendet uns viele Signale durch die Körpersprache. Dadurch erfahren wir häufig mehr über die Bedürfnisse der Kunden als durch ein Gespräch.

7. Die fünf Grundbedürfnisse unserer Kunden lassen sich in Form einer Pyramide stufenweise darstellen.

8. Der Wunsch nach modischer Kleidung entspringt oft sowohl dem Bedürfnis nach Anerkennung als auch den sozialen Bedürfnissen. Mode ist häufig Bindeglied zwischen diesen beiden Bedrüfniskategorien.

9. Sachentscheidungen werden über die Beziehungsebene gefällt.

10. Kaufentscheidungen sind Sachentscheidungen.

# Die praktische Seite der Menschenkenntnis

## 1. KÖRPERSPRACHE

Die Körpersprache Ihrer Kunden bietet Ihnen eine Fülle an Informationen und weisen für die richtige Ansprache. Je besser Sie die Körpersignale Ihrer Kunden deuten können, desto wirkungsvoller können Sie Ihre Argumentation einsetzen.

Zu den Körpersignalen gehören:

| | |
|---|---|
| Mimik (Mienenspiel) | Muskelspiel |
| Gestik (Handbewegungen) | Stimmlage und Ausdruck |
| Gang | Augenbewegungen. |

Eine Forschergruppe um den Schweizer Psychologen Dr. Siegfried Frey fand heraus, daß es 104 (!) Dimensionen von Körperbewegungen gibt, die in den unterschiedlichsten Kombinationen dem Gesprächspartner Signale übermitteln. Im Gegensatz zur Körpersprache verfügt unsere Lautsprache nur über neun Dimensionen. Von den 104 Bewegungsdimensionen entfallen die meisten, nämlich 49, auf das Gesicht.

Bei der Deutung von Körpersignalen müssen Sie darauf achten, ob sich nicht einzelne Signale widersprechen. Wenn ein Kunde begeistert sagt „Diese Hose gefällt mir" und dabei kräftig mit dem Kopf schüttelt, liegt ein krasser Widerspruch zwischen Körpersprache und sprachlicher Aussage vor. Dadurch kann sich eine Verkaufskraft auf den Arm genommen fühlen oder zumindest sehr irritiert sein. Wenn aber mehrere (mindestens zwei) sich ergänzende Körpersignale erkennbar sind, können Sie mit ziemlicher Sicherheit davon ausgehen, daß sie die Gedanken und Empfindungen des Kunden widerspiegeln. Alle folgenden Überlegungen treffen natürlich nur auf körperlich gesunde Menschen zu. Ein Kunde mit Gesichtslähmung wird seine Freude an einem Kleidungsstück nur schwer durch ein Lächeln zum Ausdruck bringen können. Andererseits wirken sich körperliche Leiden häufig seelisch aus, so wie seelische Vorgänge sich körperlich äußern können.

Nach Ihrer Erfahrung werden Sie sehr schnell einen hart körperlich arbeitenden Menschen von einem „Kopfarbeiter“ unterscheiden können. Die Gesichtszüge sind, unabhängig von den Erbanlagen, geprägt von der beruflichen Tätigkeit. Ein Anwalt oder ein Universitätsdozent bewegt im Gespräch seine Hände anders als ein Bauarbeiter. Die Gesichtszüge des Akademikers sind ausgeprägter. Vermutlich ist das Mienenspiel während des Gesprächs lebendiger. Dafür weisen die Hände kaum Spuren körperlicher Tätigkeit auf. Dagegen wird man des Bauarbeiters körperliche Tätigkeit an den ausgearbeiteten Händen erkennen. Sein Mienenspiel hingegen ist im Gespräch vermutlich etwas ausdrucksloser.

Der Körper ist Spiegel psychischer Vorgänge. Typisch für die Haltung eines innerlich gebrochenen Mannes sind beispielsweise sein schleppender oder zaghafter Gang und hängende Schultern. Sein Kopf ist geneigt, der Blick gesenkt.

Ganz anders eine Selbstsicherheit ausstrahlende Frau: Sie geht aufrecht (mit leicht schwingenden Hüften), hält den Kopf gerade. Sie blickt freundlich, mit einem anmutigen Lächeln auf den Lippen.

Diese beiden Beispiele können nur andeutungsweise wiedergeben, was sich bei der Begegnung von Menschen abspielt. Die Deutung von Körpersignalen ist immer vom Augenblick abhängig. Grundsätzliche Wesensmerkmale prägen sich überwiegend in den Gesichtszügen ein. Gerade reifere Menschen zeigen etwa durch senkrechte oder waagerechte Stirnfalten, ob sie mehr kritisch-nachdenklich oder heiter-optimistisch sind.

Auch Augen senden Signale. Ein stumpfer Blick läßt auf einen erschöpften, gestreßten, enttäuschten oder kranken Menschen schließen. Strahlende, glänzende Augen sind eher Merkmale eines fröhlichen, aktiv am Leben teilhabenden zuversichtlichen Menschen.

Unabhängig vom Menschentyp, vom Temperament und von der Tagesform unserer Kunden gibt es für die richtige Art der Ansprache ganz wesentliche Regeln, die Sie berücksichtigen sollten.

## Respektieren Sie die Distanzzonen!

### *a) Die Intimdistanz*

Kennen Sie das unangenehme Gefühl in Fahrstühlen oder überfüllten öffentlichen Verkehrsmitteln? Sie fühlen sich bedrängt. Woran liegt das? Jeder Mensch braucht sein Schutzrevier, in dem er sich sicher fühlt. Nur vertraute Menschen (etwa Familienangehörige) dürfen die engste, ungeschriebene Distanzzone von 50–60 cm durchbrechen. Wenn, wie im Fahrstuhl oder in überfüllten Bussen oder Straßenbahnen, einander fremde Menschen zusammengepfercht sind, fühlt sich der einzelne beklemmt und wird innerlich aggressiv. Dabei läßt sich das „Beieinanderstehen" in anderen Situationen geradezu als partnerschaftlich empfinden. Schließlich kämpfen ja auch Freunde, sprichwörtlich gesehen, „Seite an Seite". Aber wenn einem „auf die Pelle gerückt" wird, empfindet man das als äußerst unangenehm.

### *b) Die persönliche Distanz*

Diese Distanzzone liegt zwischen etwa 60 cm und 150 cm, entspricht etwa dem Abstand, den gute Bekannte voneinander halten, wenn sie sich die Hand schütteln. Bei kontaktfreudigen, extrovertierten Menschen beträgt sie eher 50–60 cm. Bei weniger kontaktfreudigen, mehr introvertierten Menschen liegt sie dagegen bei 150 cm, manchmal auch bei 2 m. In diesen Distanzbereich dürfen Sie beim Verkaufsgespräch durchaus eindringen, wenn sich der Kunde im Verkaufsraum akklimatisiert hat.

### *c) Die gesellschaftliche Distanz*

Diese Distanzzone beginnt an der äußeren Grenze der persönlichen Distanz, also bei rund 150–200 cm. Sie ist üblich bei hochoffiziellen Anlässen, Empfängen etc., aber völlig ungeeignet für Verkaufsgespräche. Manche Vorgesetzten leisten sich indes entsprechend breite Schreibtische, um durch diese bewußt geschaffene Distanz die eigene Autorität hervorzuheben.

### *d) Die Ansprachedistanz*

Redner und Politiker stehen gern im Mittelpunkt. Durch ein erhöhtes Pult oder ein gut sichtbares Podium sorgen sie dafür, in der Menge nicht unterzugehen. Diese Ansprachedistanz von etwa 3–4 m hat für den Verkauf überhaupt keine Bedeutung.

## Verringern Sie die Distanzen behutsam!

In den ersten Minuten fühlt sich der Kunde in Ihrem Geschäft wie ein Fremder. Geben Sie ihm die Chance, sich zu akklimatisieren! Sie haben den „Heimspielvorteil"! Wie ein Fußballer, der auf dem eigenen Platz jede Grassode kennt! Bei einem Auswärtsspiel, auf fremdem Platz, ist er auch nicht so selbstsicher.

Im Einzelhandel drängen häufig Chefs darauf, eintretende Kunden unverzüglich anzusprechen. Es ist jedoch grundfalsch, schnellen Schrittes auf den Kunden loszugehen und ihn mit einer unverbindlichen Floskel zu begrüßen. Natürlich wollen die Kunden angesprochen werden und sich auch von Ihnen angesprochen fühlen! Es ist wirklich nur eine Frage des Zeitpunkts. Ein Gast im Restaurant würde sich nicht wohlfühlen, wenn ihm, noch bevor er Platz nehmen konnte, der Kellner ein Hauptgericht vorschlagen würde. Der Gast will meist erstmal in der Karte blättern, sich von ihren kulinarischen Angeboten anregen lassen und gegebenenfalls genügend Zeit nehmen, eine Vorspeise auszuwählen. Hat er sich entschieden oder wünscht noch Beratung, wendet er sich von selbst an den Kellner.

Es gibt in der Gastronomie sehr geschickte Verkäufer. Die lassen den Kunden zunächst in aller Ruhe auswählen, kommen lächelnd an den Tisch und sprechen erst dann die „Empfehlung des Tages" aus. Es ist unglaublich, wieviel Gäste sich noch umstimmen lassen und der Empfehlung des Kellners folgen. Warum? Weil Sie sich vorher akklimatisieren durften. Sie konnten im Sinne der Bedürfnispyramide von Abraham Maslow ihre Sicherheitsbedürfnisse befriedigen, indem sie sich anhand der Karte orientierten, die Atmosphäre auf sich wirken ließen und erfahren „durften", daß kein Zwang auf sie ausgeübt wurde.

Dieses „erst einmal in Ruhe Platz nehmen und auswählen dürfen" läßt sich im Einzelhandel nicht in gleicher Weise nachvollziehen. Wir können uns aber durch gezielte Beobachtung auf den unser Haus oder eine Abteilung betretenden Kunden einstellen und je nach seiner Körpersprache beurteilen, wenn er (noch) in Ruhe gelassen oder angesprochen werden will.

Natürlich müssen wir dabei die einzelnen Bedienungsformen unterscheiden. In einer Abteilung mit reiner Vorwahl empfiehlt es sich, zu versuchen, den Augenkontakt zum Kunden lächelnd herzustellen. Weicht der Blick des Kunden aus, ist Ihr Heimspielvorteil noch nicht abgebaut. Erwidert er unseren Blick, können Sie auf den Kunden zugehen und ihn nach seinen Wünschen fragen.

Arbeiten Sie in Ihrem Hause mit einer Empfangsperson, die die eintretenden Kunden begrüßt und der jeweiligen Verkaufskraft zuweist, kann der Kunde nicht mehr vollkommen unverbindlich herumstöbern. Dennoch läßt sich dem Kunden das Gefühl der freien Wahlmöglichkeit wiedergeben, indem die Verkaufskraft gegebenenfalls die Frage nach dem Anlaß, der Farbe, der Form und der Größe stellt und den Kunden dann erst einmal allein und in Ruhe aussuchen läßt. Doch Vorsicht! Ziehen Sie sich nicht einer größeren Distanz wegen noch einmal zurück, wenn Sie anhand der Körperreaktion des Kunden feststellen, daß er schon Vertrauen zu Ihnen hat und Ihre Beratung in Anspruch nehmen will.

Auch dies können Sie an den Blicken, dem Gesichtsausdruck und den Bewegungen Ihres Kunden erkennen.

Deshalb wenden wir uns jetzt einzelnen körpersprachlichen Ausdrucksformen zu, die Ihnen Hinweise auf „innere Vorgänge" geben sollen.

„Die Augen sind der Spiegel der Seele“, heißt ein altes Sprichwort. Die Augen der Kunden sagen uns eine ganze Menge über den Grad ihres Interesses. Zudem signalisieren die *Augenbewegungen,* in welchem „geistigen Verarbeitungszustand“ der Gesprächspartner sich befindet. Damit ist folgendes gemeint: Hat der Kunde bildhafte (visuelle) Vorstellungen, bewegen sich seine Augäpfel in eine andere Richtung als bei Gedanken, die sein Gefühl oder den Tastsinn betreffen. Auch wenn der Kunde auf Worte oder Geräusche reagiert, bekommen seine Augen eine besondere Stellung.

Diese Erkenntnis haben die Hypnoseforscher John Grinder und Richard Bandler in der neueren Literatur dargestellt.

## Augenbewegungen
– Erläuterungen ihrer häufigsten Positionen –

Bei fast 90 % aller Menschen entsprechen die durch Skizzen dargestellten Augenbewegungen dem jeweils angegebenen Wahrnehmungskanal.

*visuell konstruierend oder sich bildlich etwas vorstellen*
Ihr Gesprächspartner (Kunde) schafft sich selbst ein gedankliches Bild von dem, was in der Zukunft sein könnte.

*visuell erinnernd, bildlich erinnernd*
Ihr Gesprächspartner läßt noch einmal einen Film vor seinem geistigen Auge ablaufen.

*auditiv konstruierend*
Ihr Gesprächspartner hört innerlich bereits das, was er sagen wird.

*auditiv erinnernd*
Ihr Gesprächspartner ruft gehörte Worte oder Klänge aus der Erinnerung ab.

*kinästhetisch*
*Bereich Gefühl, Geruch, Geschmack*
Ihr Gesprächspartner nimmt z.B. durch den Tastsinn, die Geruchs- oder Geschmacksnerven wahr. Es können aber auch innere Regelungen auf diese Weise ausgedrückt werden.

*Selbstgespräch/innerer Monolog*
Ihr Gesprächspartner richtet seine Aufmerksamkeit nach innen, um seine Gedanken mit sich selbst durchzusprechen. Dauert dies länger, können Sie davon ausgehen, daß er für Ihre Äußerungen nur eingeschränkt aufnahmefähig ist.

Es ist ein Prinzip der Hypnotiseure, sich den Wahrnehmungs- oder Bewußtseinszuständen der Klienten anzupassen, bevor sie sie aktiv durch entsprechende Worte und Suggestionen in einen anderen Bewußtseinszustand hinüberleiten. In der Praxis sieht das so aus: Ein Hypnotiseur, der an der Augenstellung eines Klienten feststellt, daß dieser sich bildlichen Vorstellungen hingibt, spricht ihn mit Worten an, die sich auf die bildliche Vorstellungskraft ziehen. Eine solche Formulierung wäre beispielsweise: „Was auch immer Sie jetzt vor Ihrem geistigen Auge *sehen*, ..." Auf keinen Fall wird der Hypnotiseur sagen: „Was auch immer Sie jetzt empfinden ... oder hören ..."

Warum?

Das Wort „sehen" spricht den visuellen Wahrnehmungskanal an, in dem sich der Patient gerade befindet. Somit wird unbewußte Übereinstimmung erzielt.

Gleiches können Sie auch im Verkaufsgespräch tun. Gewiß ist es fast unmöglich, die Augenbewegungen Ihres Kunden zu erfassen, wenn Sie neben ihm stehen. Allerdings können Sie die Augenbewegungen Ihrer Kunden sehr genau beobachten, wenn Sie sich im Bereich der Selbstvorwahl einem Kunden nähern, der sich bereits mit der Ware befaßt. Wenn Sie sehen, daß sich z.B. die Augen einer Kundin (aus Ihrer Sicht) beim Betrachten der Ware nach oben links bewegen, können Sie daraus schließen, daß sie sich gerade überlegt, wie sie in dem Kleidungsstück aussieht. Vielleicht denkt sie aber auch darüber nach, zu welchen Teilen ihrer Garderobe sie es zu kombinieren gedenkt.

In einer solchen Situation können Sie die Kundin individuell auf ihren bildhaften Gedankengang ansprechen, z.B. „Wozu möchten Sie die Bluse kombinieren?" oder „Zu welcher Gelegenheit möchten Sie das Kleid tragen?" Weil die Kundin durch ihre Augenbewegungen signalisiert, daß sie sich das Kleidungsstück im Gebrauch vorstellt, gibt sie Ihnen die Möglichkeit, sich in ihre Gedankenwelt zu begeben. Das ist besser als ihr die Frage zu stellen „Wie kann ich Ihnen helfen?" Denn die Kundin denkt nicht über Hilfe nach, sondern z.B. über ihr Aussehen bei einer Gartenparty.

Befinden sich die Augen Ihres Gesprächspartners beim Befühlen des Materials links unten, können Sie davon ausgehen, daß sein Bewußtseinszustand voll im gefühlsmäßigen Bereich ist. Es bieten sich dann Fragestellungen an wie „Wie fühlt sich das Material an?"

Sind die Augen im auditiven Bereich, verwenden Sie z.B. Worte, die den Gehörsinn ansprechen, etwa: „Wie wir eben *besprochen* haben, ..."

Gehen wir noch einmal die Augenbewegungen durch und halten fest, was sie im einzelnen zu bedeuten haben. Dabei sollen die Richtungsangaben so gelten, wie wir sie wahrnehmen. Das rechte Auge eines Gesprächspartner sehen wir *aus unserer Sicht links.* Sein linkes Auge sehen wir *aus unserer Sicht rechts.* Für die Deutung der Augenbewegungen verwenden wir unsere Blickrichtung.

Augenbewegungen nach:

links oben = *visuell konstruierend*
Bedeutung: Kunde stellt sich bildlich etwas vor, etwa wie er in dem Pullover aussieht.

rechts oben = *visuell erinnernd*
Bedeutung: Kunde erinnert sich bildlich an etwas, z.B. ob er ein ähnliches Kleidungsstück schon besitzt.

Augen geradeaus gerichtet, aber auf „unendlich" gestellt (Träumer-Blick) = *visuell allgemein*
Bedeutung: Der Kunde hat vor seinem geistigen Auge eine unscharfe bildhafte Vorstellung; sie kann sowohl erinnernd als auch konstruierend sein.

Augenbewegungen nach:

links Mitte = *auditiv konstruierend*
Bedeutung: Der Kunde überlegt, was er sagen soll.

rechts Mitte = *auditiv erinnernd*
Bedeutung: Der Kunde hat Geräusche oder Worte gehört und versucht, sie geistig noch einmal nachzuvollziehen, z.B. Ihre Argumente.

rechts unten = *auditiv allgemein*
Bedeutung: Der Kunde spricht mit sich selbst. Im Selbstgespräch erwägt er möglicherweise nocheinmal das Für und Wider eines Kaufes.

links unten = *Gefühl/Geschmack etc.*
Bedeutung: Der Kunde befindet sich im Bereich der gefühlsmäßigen Wahrnehmung, z.B. wenn er prüfend das Material eines Kleidungsstückes betastet.

Wir hatten eingangs deutlich gemacht, wie wichtig es ist, Übereinstimmung mit dem Kunden zu erzielen. Wenn Sie es durch die genaue Beobachtung der Augenbewegungen Ihrer Kunden schon zu Beginn des Gesprächs schaffen, sich auf die Denk- und Gefühlswelt Ihrer Gesprächspartner einzustellen, haben Sie bereits viel für einen erfolgreichen Abschluß getan. Versuchen Sie, wie in den Beispielen, die zum jeweiligen Wahrnehmungszustand des Kunden passenden Worte zu finden. Dann fühlt sich Ihr Kunde besser verstanden und öffnet sich leichter Ihren Argumenten.

Die folgende Auflistung anderer Körpersignale soll Ihnen ebenfalls helfen, den Kunden besser einzuschätzen.

| Wenn *plötzlich* Ihr Kunde | Dann bedeutet dies |
|---|---|
| 1. die Pupillen weitet | hochgradiges Interesse |
| 2. die Pupillen verengt, Augen zukneift | Desinteresse/Skepsis |
| 3. die Stirn runzelt | Entrüstung |
| 4. die Augenbrauen hebt | Zweifel/Ungläubigkeit oder Arroganz |
| 5. durch Sie hindurchschaut | Geistesabwesenheit |
| 6. Sie fest anschaut | deutliches Interesse |
| 7. keinen Blickkontakt mehr hält | Unsicherheit, Nachdenklichkeit, möglicherweise Arroganz |
| 8. häufig die Augenlider bewegt | Nervosität |
| 9. die Brille hochschiebt | er versucht, Zeit zu gewinnen |
| 10. Augenbrauen hebt und dabei den Kopf zurückwirft | starke Ablehnung, trotziger Widerspruch |
| 11. sich die Nase reibt | Nachdenklichkeit |
| 12. die Augen weitet und den Mund öffnet | Erstaunen |
| 13. die Lippen zusammenpreßt | Starrsinn, verhaltener Zorn, Nachdenklichkeit |
| 14. sich auf die Lippen beißt | Nachdenklichkeit, Unsicherheit, er will Zeit gewinnen |
| 15. die Oberlippe hochzieht | Ekel, Ablehnung |
| 16. die Unterlippe hochzieht | Zweifel, Skepsis |
| 17. sich über's Kinn streicht | Nachdenklichkeit |

| | |
|---|---|
| 18. Nägel kaut | Angst, Schutzbedürfnis |
| 19. mit dem Oberkörper weit nach vorn kommt | starkes Interesse |
| 20. den Oberkörper weit zurücklehnt oder etwas zurückweicht | Desinteresse, Rückzug |
| 21. die Hand zur Faust ballt | Wut, Angriff, Aggression |
| 22. die Arme verschränkt | Ablehnung, Isolation, Verschlossenheit, möglicherweise Angst |
| 23. mit den Armen weit ausholt/-gestikuliert | Selbstsicherheit |
| 24. die Hand zum Mund nimmt beim Sprechen | Nachdenklichkeit, Unsicherheit |
| 25. die Hände in die Hüften stemmt | Imponiergehabe oder Entrüstung |
| 26. die Hand in die Hosentasche steckt | Wunsch nach legerer Entspannung |
| 27. den Kopf in den Nacken wirft und die Hände auf dem Rükken verschränkt | Imponiergehabe, Wichtigtuerei |
| 28. die Hand an die (eigene) Brust legt | Beteuerung |
| 29. den Kopf senkt | er ist betroffen |
| 30. den Zeigefinger hebt | er will belehren, es besser wissen |
| 31. die Fingerkuppen aneinander preßt | er legt Wert auf Präzision |
| 32. sich die Hände reibt | Selbstgefälligkeit |
| 33. mit den Füßen im Stehen wippt | Sicherheit oder Arroganz |

| | |
|---|---|
| 34. mit den Fingern einmal schnippt | er hat einen Einfall, eine gute Idee |
| 35. mit den Fingern mehrmals schnippt | er sucht nach einer Problemlösung |

## 2. DAS KOMMUNIKATIONSMODELL

– Aussagen richtig deuten – selbst besser kommunizieren!

Nachdem Sie gelernt haben, die Körpersignale Ihrer Kunden richtig zu deuten, wenden wir uns nun dem gesprochenen Wort zu. Wir Menschen denken in Sprache und drücken unsere Gedanken mit Worten aus. Jede Aussage ist eine Botschaft an unsere Gesprächspartner. Der Altmeister der Kommunikationspsychologie, Paul Watzlawick, hat einmal gesagt: „Man kann nicht *nicht* kommunizieren." Was bedeutet dieser Satz? Gleichgültig, ob wir schweigen oder reden: Wir teilen unseren Mitmenschen ständig etwas mit! Sei es durch Körperbewegungen oder durch Worte.

Leider gibt es oft Mißverständnisse hinsichtlich des Inhalts der Botschaft. In der Vergangenheit wurden die Ursachen für Mißverständnisse stets entweder beim „Sender" der Botschaft oder in der Person des „Empfängers" gesucht. In jüngerer Zeit ist man von derartigen „Schuldzuweisungen" abgerückt. Die Kommunikationspsychologie ist durch gezielte Forschungen einen erheblichen Schritt weitergekommen. Ein Psychologenteam unter Leitung des Hamburger Psychologieprofessors Friedemann Schulz von Thun hat herausgefunden, daß nicht die am Kommunikationsvorgang beteiligten Personen Störungen im Verständigungsprozeß hervorrufen, sondern die Ursachen für Kommunikationsstörungen in der „Botschaft" selbst liegen können. Deshalb untersuchte Schulz von Thun hauptsächlich die Botschaft, die vom Sender zum Empfänger gelangt. Dabei ergab sich, daß jede Botschaft aus vier tragenden Elementen besteht:

Sagen Sie Ihrer Kundin „Diese Bluse ist zu schlicht für Sie“ liegt darin eine Bevormundung, die sie sich vermutlich nicht gefallen lassen wird. Es gibt manchmal auch Spannungen zwischen dem Kunden und der Verkaufskraft, die vom Kunden ausgelöst werden.

Angenommen, er nörgelt an allem herum, was Sie ihm zeigen und unterstellt Ihnen zuguterletzt auch noch Unfreundlichkeit. Wenn Sie dann mit einer „DU-BOSCHAFT“ kontern, und sei sie noch so ruhig und gelassen ausgesprochen, ist der Eklat perfekt. Eine derartige „DU-BOTSCHAFT“ könnte lauten: „*Sie* sollten sich einmal überlegen, wer hier unfreundlich ist!“

Viel besser und entwaffnender wäre eine „ICH-BOTSCHAFT“: *Ich* fühle mich von Ihnen ungerecht behandelt, weil ich mir wirklich Mühe gebe!“ Probieren Sie „ICH-BOTSCHAFTEN“ nicht nur im Geschäft aus! Sie werden verblüffende positive Erfolge feststellen.

## *Zwischenbilanz (2)*

1. Die Körpersprache des Kunden verrät uns viel über seinen Charakter, seine Gedanken und Gefühle.

2. Die Respektierung der Distanzzonen hilft uns, unseren Heimspielvorteil abzubauen und gibt dem Kunden Sicherheit.

3. Die Augenbewegungen des Kunden signalisieren uns, in welchem Wahrnehmungs- oder Bewußtseinszustand er ist.

4. Das Wissen um die Augenbewegungen hilft uns, die richtigen Worte für die Gesprächseröffnung zu finden.

5. Die Kommunikation zwischen dem Kunden und uns kann gestört sein, weil wir etwas anderes verstehen als er meint.

# 3. MODE UND VERKAUF

Im Kapitel „Sie und der Kunde“ kam es uns darauf an, unbewußtes und bewußtes Handeln zu erläutern, um Ihre Menschenkenntnis im Verkaufsgespräch zu verbessern. Wir haben uns um Motive und Verhaltsweisen von Kunden gekümmert. Jetzt kommt es darauf an, noch mehr Wege der praktischen Anwendung dieses Wissens aufzuzeigen.

Deshalb sollten wir Arbeitsdefinitionen zu den Begriffen „Mode“ und „Verkauf“ entwickeln. Denn dieses Buch behandelt den professionellen Verkauf von Mode.

Als wir uns mit der Bedürfnistheorie befaßten, wurden schon einige Beweggründe für den Kauf von Mode genannt, aber noch nicht gesagt, was Mode ist. In Ihrem Lexikon könnte folgende Erklärung für den Begriff Mode stehen: Mode ist eine Form der inneren und äußeren Lebenshaltung; sie ist der kurzfristigen Veränderlichkeit unterworfen und abhängig vom Zeitgeschmack, dem Wunsch nach Abwechslung und dem Nachahmungstrieb.

Wenn Sie sich noch einmal an die Bedürfnispyramide von Maslow erinnern, wird es Ihnen leicht fallen, diese Definition des Begriffes „Mode“ den einzelnen Stufen der Pyramide zuzuordnen.

Was ist „Verkaufen“?

Im Kapitel „Sie und der Kunde“ wurde deutlich, daß das Ziel eines jeden Verkaufsgesprächs die Übereinstimmung beider Beteiligten sein soll. Diese Übereinstimmung wird beeinflußt durch das Warenangebot und die Beziehungsebene, die sich zwischen dem Kunden und Ihnen als Verkäufer aufbaut. Wer Sie als Mensch ablehnt, wird seinen Bedarf woanders decken. Denken Sie immer wieder an den Satz: Sachentscheidungen werden über die Beziehungsebene gefällt!

Der Kunde braucht neben dem gewünschten Artikel auch eine Befriedigung seiner Bedürfnisse nach Sicherheit, Anerkennung und sozialen Kontakten. Die Befriedigung dieser Bedürfnisse ist oft die wichtigste verkäuferische Leistung. Deshalb schlage ich Ihnen folgende Definition für den Begriff des Verkaufens an:

Verkaufen ist: herausfinden, was der Kunde braucht, um es ihm dann gegen Entrichtung des Kaufpreises zu vermitteln.

Nach der Klärung der Begriffe Mode und Verkauf wenden wir uns nun der Systematik des Verkaufsgesprächs zu.

# *Die acht Stufen des Verkaufsvorgangs*

Wenn wir einen Verkaufsvorgang unter die Lupe nehmen, so stellen wir fest, daß er im Idealfall aus folgenden acht Stufen besteht:

1. Kontaktaufnahme
2. Erster Eindruck
3. Gesprächseröffnung
4. Analyse der Kundenwünsche
5. Angebot
6. Behandlung von Einwänden
7. (Teil-)Abschluß
8. Zusatzgeschäft – Empfehlungen

Wir werden im folgenden die Stufen des Verkaufsvorgangs Schritt für Schritt darstellen und die Bedeutung jeder Stufe herausarbeiten.

Wenn Sie sich konsequent an diese Form des systematischen Vorgehens halten, bedeutet das für Sie eine Erhöhung Ihrer Verkaufschancen und einen erheblichen Zeitgewinn.

Über einen Punkt müssen wir uns aber von Anfang an im klaren sein:

Wenn ein Kunde nicht kaufen *will*, nützt auch die beste Verkaufstechnik nichts. Mit unserem schrittweisen Vorgehen können wir jedoch unseren Kunden wertvolle Entscheidungshilfen geben und mit dazu beitragen, daß sie sich in Ihrem Hause wohlfühlen und Sie als verständnisvollen Partner schätzen lernen.

# 1. Die Kontaktaufnahme

Die Kontaktaufnahme mit dem Kunden ist die Voraussetzung für jeden Kaufabschluß überhaupt. Sie vollzieht sich individuell verschieden. Kommt ein Kunde mit einem Kaufwunsch zu uns, kann dies folgende Gründe haben:

a) Eine Werbeaktion Ihrer Firma hat sein Interesse geweckt.
b) Ein zufriedenstellender Kauf in Ihrem Hause hat ihn an Sie erinnert.
c) Ihre Schaufenster haben ihn neugierig gemacht.
d) Ihr gezielter Telefonanruf hat ihn veranlaßt zu kommen.
e) Ihr Geschäft liegt zufällig auf seinem Weg.

Das Vertrauen der Stammkunden Ihnen gegenüber stärkt Ihr Selbstvertrauen. Sie und Ihre Stammkunden sind echte Partner. Dies ist die menschliche Seite. Denn Stammkunden mindern das wirtschaftliche Risiko Ihres Betriebes und sichern Ihnen damit Ihren Arbeitsplatz.

Die unter b) und d) genannten Gründe werden eine immer größere Rolle spielen.

Vordringlich ist die Gewinnung des Kunden auf Dauer!

„Jeder Erstkunde soll Stammkunde werden!“

Die ökonomische Seite ist genauso erfreulich: Ein Stammkunde äußert präziser seine Wünsche, folgt vertrauensvoll Ihrem Rat. Mit ihm regeln Sie erfahrungsgemäß etwaige Reklamationen leichter als mit einem Gelegenheitskäufer, der sich manchmal mit einer Reklamation nur wichtig tun möchte. Da Sie den Geschmack eines Stammkunden besser kennen als den anderer Kunden, finden Sie für ihn auch schneller das Richtige.

Sowohl im rein geschäftlichen als auch im persönlich-menschlichen Bereich verschafft Ihnen der Umfang mit Stammkunden Erfolgserlebnisse, von denen Sie ebenfalls profitieren.

Denken wir dabei gleich mal an die überzeugendste Werbung, die es überhaupt gibt:

Die Mund-zu-Mund-Reklame.

Ein zufriedener Kunde wird Sie weiterempfehlen.

Deshalb sollte – wann immer es möglich ist – der Kontakt zum Stammkunden durch Verkäuferaktivitäten (beispielsweise einen Anruf bei ihm) immer wieder hergestellt werden.

## 2. Der erste Eindruck

„Der erste Eindruck ist entscheidend“, wird vielfach behauptet. Sicherlich läßt sich diese Behauptung nicht pauschal auf alle zwischenmenschlichen Begegnungen und Beziehungen anwenden. Ein negativer erster Eindruck ist im Laufe eines Gesprächs veränderbar.

Ebenso kann ein positiver erster Eindruck, der durch einen Blender hervorgerufen wurde, durch die bittere Wirklichkeit ins Gegenteil verkehrt werden.

Wir kommen dennoch nicht an der Tatsache vorbei, daß der erste Eindruck über Sympathie und Antipathie entscheidet.

Sympathie und Antipathie sind Elemente des gefühlsmäßigen Bereichs. Die Eisbergtheorie hat uns gezeigt, wie wesentlich der nicht vom Verstand steuerbare Bereich der menschlichen Psyche ist.

Tun Sie daher etwas dafür, Ihren Kunden beim Entstehen des ersten Eindrucks angenehm zu beeinflussen.

Natürlich können Sie nicht jedem Kunden sympathisch sein. Wenn Sie beispielsweise vom äußeren Erscheinungsbild her jemandem ähneln, mit dem Ihr Kunde Probleme hat, kann es sein, daß der Kunde allein aufgrund dieser Tatsache Ihnen gegenüber eine Abneigung entwickelt, ohne dabei zu wissen, wo der Ursprung dieser Abneigung zu suchen ist.

Damit haben wir es immer wieder im Verkauf zu tun, ohne direkt darauf Einfluß nehmen zu können. Wenn diese Faktoren für uns günstig sind, weil der Kunde uns beispielsweise sympathisch findet, sollten wir diese Sympathie bewußt genießen. Andererseits bringt uns auch Resignation nicht weiter, wenn die Kommunikation mit dem Kunden aufgrund seiner Antipathie kompliziert wird oder gar nicht funktioniert.

In solchen Fällen können wir nur eines tun:
Die Haltung des Kunden *bewußt* tolerieren und die Tatsache *akzeptieren,* daß jedermann ein Recht auf seine eigene Gefühlswelt hat.

Dennoch sollten wir stets bemüht sein, eine menschliche Brücke auch zu denen zu schlagen, die uns innerlich ablehnen. Denn das, was in einem solchen Kunden vorgeht, kann uns genauso widerfahren, wenn eine Dame oder ein Herr unser Geschäft betritt und uns auf Anhieb unsympathisch ist.

Dann liegt es an uns, unsere psychologischen Stärken unter Beweis zu stellen und unsere innere „Anti-Haltung“ bewußt auf Freundlichkeit umzustimmen. Wenn wir uns von anderen Menschen wünschen, daß sie uns mögen, dann tun wir gut daran, wenn wir den gleichen Wunsch anderer nicht nur respektieren, sondern auch versuchen, ihn zu erfüllen.

Der erste Eindruck entsteht in Bruchteilen von Sekunden.

Wir können dazu beitragen, daß er so günstig wie möglich wird. Da der erste Eindruck nur durch das Erfassen und die blitzschnelle Interpretation unseres Äußeren entsteht, haben wir es in der Hand, ihn (mit Ausnahme der gerade geschilderten Extremsituation) mit zu beeinflussen. Dazu gehören beispielsweise unsere Kleidung und unsere Körperpflege. Eine Verkäuferin oder ein Verkäufer mit schmutzigen oder abgekauten Fingernägeln wirkt auf Anhieb nicht gerade prädestiniert dazu, modische Bekleidung zu verkaufen. Auch fettiges, ungewaschenes Haar oder Schuppen, die bereits wie ein leichter Schneefall das Jacket des Verkäufers an den Schulterpartien bedecken, tragen nicht dazu bei, einer Kundin, die sich durch den Kauf von Mode selbst schöner und ästhetischer ihrer Umwelt präsentieren möchte, einen günstigen ersten Eindruck zu vermitteln.

Andererseits sollten wir ebenso darauf achten, daß wir nicht eleganter gekleidet auftreten als der Durchschnitt unserer Kundschaft.

Es kann nämlich sein, daß dadurch ein Teil unserer Kundinnen und Kunden verunsichert wird. Genau das aber wollen wir vermeiden.

Unser Ziel ist es, Partner – und nicht Vorbild (!) – unserer Kunden zu sein.

Der erste Eindruck, den der Kunde von uns bekommt, stellt die Weichen für die Gesprächseröffnung und für einen positiven Ablauf des Verkaufsvorgangs.

Sorgen wir also dafür, daß der Kunde gern mit uns in näheren Kontakt kommen möchte, bevor überhaupt das erste Wort gefallen ist!

## *Zwischenbilanz (3)*

1. Wir unterteilen den Verkaufsvorgang in acht Stufen.
2. Die Kontaktaufnahme vollzieht sich individuell verschieden, etwa durch die Schaufensterdekoration, eine Werbeaktion oder einen gezielten Anruf durch den Verkäufer. Die Kontaktaufnahme ist die Vorstufe zum eigentlichen Verkaufsgespräch.
3. Der erste Eindruck entsteht „vor Ort" und ist häufig für den Verlauf eines Verkaufsgesprächs entscheidend. Ein guter Verkäufer tut eine Menge dafür, um vom Erscheinungsbild positiv auf den Kunden zu wirken.

4. Ein guter Verkäufer entwickelt Toleranz gegenüber dem Erscheinungsbild des Kunden und bezwingt denkbare Antipathie gegenüber der Kundschaft.
5. Es kommt bereits beim ersten Eindruck darauf an, dem Kunden zu verdeutlichen, daß man sein Partner (nicht sein Vorbild oder Gegner) sein möchte.

Stufen 3 und 4

# 3. Die Gesprächseröffnung

Mit der Gesprächseröffnung beginnt für den Verkäufer eine schwierige Aufgabe. Es kommt darauf an, den Kunden in eine gute Gefühlsstimmung zu bringen oder ihm diese zu erhalten.

Über den Heimspielvorteil haben wir bereits gesprochen. Wir sind in unserem eigenen Revier und damit in der stärkeren Position! Der Kunde hingegen bewegt sich auf fremdem Terrain und muß erst einmal die Atmosphäre schnuppern. Denken Sie an die Distanzzonen und die Körpersignale! Suchen Sie Augenkontakt und geben Sie durch abwartende Freundlichkeit dem Kunden zu verstehen, daß sie sich für das Gespräch mit ihm bereithalten, ihn aber auf keinen Fall bedrängen werden. Das gibt dem Kunden Sicherheit und schafft Vertrauen. Nutzen Sie Ihr Wissen um die Augenbewegungen und die Körpersprache und finden Sie eine individuelle Gesprächseröffnung, die sowohl die Situation als auch die Persönlichkeit des Kunden berücksichtigt. Vermeiden Sie Standardformulierungen wie:

„Bitte schön ...!"

„Suchen Sie was?" etc.

Derartige Ausdrücke sind für den Kunden wie ein Klingelzeichen.

Aber die Signalwirkung ist häufig negativ. Warum?

Die meisten von uns haben schon unangenehme Erfahrungen gemacht mit eigenen Berufskollegen, eben Verkäufern.

Insbesondere gilt den Verkäufern, die an der Haustür ihre Ware anbieten, unser größtes Mißtrauen. Die schwarzen Schafe unter den Hausierern haben den Berufsstand des Verkäufers etwas in Verruf gebracht. Verkäufer gelten daher vielfach als redselig, aufdringlich und unseriös.

Im Modehandel sieht das anders aus. Aber wenn wir uns selbst fragen, ob wir nicht schon mal in Geschmacksfragen der Meinung eines Verkäufers gefolgt sind und hinterher doch unzufrieden waren, werden viele von uns mit „ja" antworten.

Schlechte Erfahrungen mit dem „Mann an der Tür" und eine unbedriedigende Beratung in Einzelhandelshäusern haben uns vorgeprägt und skeptisch gemacht.

So wie die Verteidigungsbereitschaft und Aufmerksamkeit eines wilden Tieres mit Betreten eines fremden Reviers wachsen, verhält sich der Kunde in Ihrem Verkaufsbereich. Obwohl er etwas möchte, ist er gleichzeitig vom Unterbewußtsein her ständig bereit, ein Rückzugsgefecht in sichere Gefilde vorzunehmen, sofern ihm die Situation bedrohlich zu werden scheint.

Ein Fluchtreflex oder eine Abwehrreaktion des Kunden kann dann eintreten, wenn er Formulierungen hört, die seiner Vorstellung vom „typischen Verkäufer" entsprechen, und er sofort Gedankenverbindungen zu negativen Verkaufserlebnissen herstellt. Möglicherweise hat einer unserer Berufskollegen diesen Kunden mal schlecht beraten und sein Verkaufsgespräch mit nichtssagenden Floskeln eröffnet.

Auch wenn wir den Kunden qualifiziert beraten möchten und können, wird er uns aufgrund der für ihn mit unangenehmen Erfahrungen verbundenen Floskeln unbewußt ablehnen. Warum lassen wir uns nicht etwas anderes einfallen, damit sich der Kunde gleich von Anfang an bei uns wohlfühlt!

Weg mit den abgedroschenen Phrasen wie „Kann ich Ihnen helfen?" !!!

Nun werden Sie sich fragen, was Sie stattdessen sagen können.

Überlegen Sie einmal, in welcher Situation Sie den Kunden in Ihrem Verkaufsbereich vorfinden.

Haben Sie schon einmal überlegt, was in Ihnen vorgeht, wenn Sie sich auf ein Regal oder einen Kleiderständer konzentrieren?
Sie befassen sich mit der Ware, indem Sie sie sich anschauen oder sie im wahrsten Sinne des Wortes *„befassen"*. Käme gerade in einem solchen Augenblick die Frage „Kann ich Ihnen helfen?" würden Sie aus Ihrem momentanen Gedankengang herausgerissen werden.
Achten Sie also darauf, daß Sie diesen Fehler nicht machen.
Statt „kann ich Ihnen helfen?" wählen Sie eine Formulierung, die den augenblicklichen Gedankengang des Kunden sogar noch unterstützt, so zum Beispiel: „Wie gefällt Ihnen der Bademantel?" Mit einer derartigen Frage begleiten wir ihn bei seinen Überlegungen. Ein weiterer Vorteil: Wir lenken seine direkte Aufmerksamkeit noch nicht sofort auf uns. Vielmehr stellen wir uns mit dieser Fragestellung gleichsam partnerschaftlich neben den Kunden und vermeiden damit auch optisch eine Konfrontation mit unserem Gesprächspartner.

„Wie gefällt Ihnen das Tuch?"

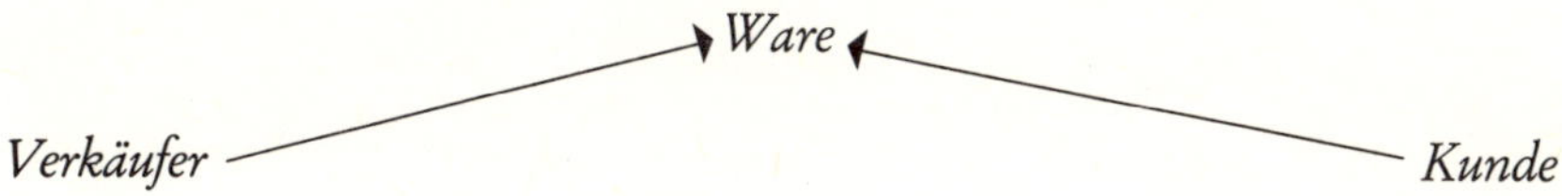


Im Gegensatz zu:

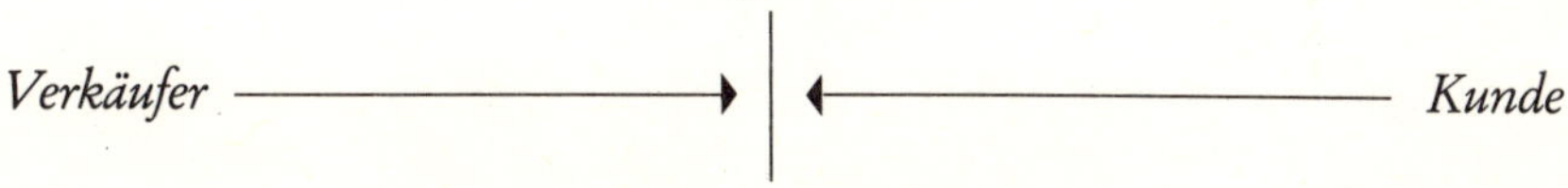


„Kann ich Ihnen behilflich sein?"

Partner handeln Seite an Seite, Gegner kämpfen von Angesicht zu Angesicht. Erst wenn man miteinander vertraut ist, schaut man sich gern auch länger ins Gesicht. Das bedeutet keineswegs, daß Sie Ihren Gesprächspartner nicht schon von Anfang an anschauen sollten. Im Gegenteil! Es unterstreicht nur, wie wichtig es ist, in Form einer sympathischen gemeinsamen Handlung „Seite an Seite" ans Ziel zu gelangen. In vielen Fällen kommt der Kunde direkt auf Sie zu und bittet Sie um Rat. Bemühen Sie sich, ihn freundlich und zuvorkommend zu behandeln, auch wenn er aufgrund des ersten Eindrucks nicht „Ihr Typ" ist. Vermeiden Sie es, in einem gelangweilten, mürrischen oder ermüdenden Tonfall zu reden. Geben Sie ihm das Gefühl, in Ihrem Hause ein gern gesehener Gast zu sein, dem Sie als Fachkraft die Kaufentscheidung überlassen wollen. Der Kunde soll spüren, daß Sie bereit sind, ihm aufgrund Ihrer Sachkenntnis den Rat zu erteilen, den er zum Fällen seiner Entscheidung benötigt!

Denn nur, wenn der Kunde durch Sie seelisch gelockert und entkrampft ist, ist er bereit, seine tatsächlichen Bedürfnisse und Wünsche zu äußern. Deshalb sollten Sie sich des öfteren selbst einmal fragen:

Bin ich offen und locker genug?
Wirke ich durch mein äußeres Erscheinungsbild sympathisch und vertrauenserweckend?
Spreche ich die Kundschaft situationsgerecht an, oder überfalle ich sie mit unüberlegten, abgedroschenen Redewendungen?

Schreiben Sie einmal fünf Sätze der Begrüßung nieder, die sich von dem üblichen „Kann ich Ihnen helfen?" abheben:

1. ______________________________

______________________________

2. ______________________________

______________________________

3. ______________________________

______________________________

4. ______________________________

______________________________

5. ______________________________

______________________________

Nachdem wir den Kunden wie beschrieben begrüßt haben, versuchen wir, die Kundenwünsche zu ermitteln.

## 4. Die Analyse
(offene und geschlossene Fragen)

Mitunter hört man im Handel:

„Ein guter Verkäufer schafft es, einer Kundin, die einen grünen Rock kaufen wollte, ein blaues Abendkleid zu verkaufen."

In dieser Aussage steckt enorm viel Zündstoff. Welche Anforderungen stellt man mit dieser Aussage an die Verkaufskraft? Wenn wir uns diese Definition zu eigen machen, erwarten wir von unseren Berufskollegen und von uns selbst, daß wir den Kunden „umdrehen", auf übelste Art und Weise manipulieren – quasi seinen Willen ausschalten. Eine Einstellung, die den Kunden zum „Portemonnaie auf zwei Beinen" degradiert. Da wir selbst jeden Tag Kunde des Einzelhandels sind, würden wir *uns* mit dieser Einstellung zur wandelnden Geldbörse machen.

Wenn wir den Kunden tatsächlich als Partner empfinden, verdient er auch eine partnerschaftliche Behandlung. Das Wesen einer jeden Partnerschaft besteht in der Übereinstimmung in wesentlichen Punkten.

Die Annäherung oder gar Übereinstimmung zweier Meinungen kann aber nur dadurch erfolgen, daß man sie austauscht. Wie aber bringen wir das in Erfahrung, was der Kunde denkt, fühlt und wünscht?

Können wir hellsehen? Genügt ein Blick auf die Kleidung, die die Kundin im Moment trägt, um sie richtig beraten zu können? Natürlich wird aufgrund unserer langjährigen Erfahrung der geschulte und geschärfte Verkäuferblick zu einer sehr guten Einschätzung der Kundin oder des Kunden führen.

Diese wichtigen Vorerfahrungen helfen uns zweifellos in vielen Fällen, die Kundin oder den Kunden richtig zu beraten. Erfahrungsgemäß gibt es aber auch Fälle, wo wir nicht richtig liegen. Wenn wir die Anzahl dieser Fälle reduzieren könnten, wäre uns sehr gedient.
Ich will sogar die Behauptung riskieren, daß die Verkäufer in mehr Fällen mit ihren Angeboten „falsch" liegen als ihnen selbst bewußt wird.
Zwar sagen heute die meisten der informierten Kunden sofort offen und ehrlich, was ihnen gefällt oder mißfällt. Dennoch ist die Dunkelziffer derer sehr hoch, denen die zunächst angebotene Ware mißfällt, was sie aber nicht klug genug zum Ausdruck bringen.

Sie werden nach einem Beispiel oder einer weiteren Begründung für diese Behauptung verlangen!

Denken Sie doch nur einmal an den HAKA-Bereich! Tatsache ist, daß viele Männer anders zur Mode stehen als ihre Frauen. Möglicherweise wollen viele Männer nicht als eitel gelten und meinen, daß wahre Männlichkeit sich auch durch Mode nicht erwerben läßt. Was geht aber im Innern eines Mannes vor? Er will anziehend auf Frauen wirken und anerkannt werden. Trotzdem ist vielen Männern der Besuch einer HAKA-Abteilung oder eines Herrenausstatters fast so unangenehm wie der Gang zum Zahnarzt. Insbesondere dann, wenn dieser Besuch in weiblicher Begleitung stattfindet. Am liebsten würde der Mann ganz allein das

Geschäft betreten und sich tunlichst auf die Anprobe nur *eines* Anzuges beschränken. Paßt dieser Anzug einigermaßen und entspricht er grundsätzlich seinen Vorstellungen, würde er ihn am liebsten sofort einpacken lassen und das Haus schnell wieder verlassen.

Anders sieht es aus, wenn die Ehefrau (oder Lebensgefährtin) dabei ist. Sie läßt es aus reinem Verantwortungsbewußtsein gar nicht zu, daß sich ihr Mann nur mit einer Anprobe begnügt.
Ginge es nach ihr, müßte er mehrere Anzüge probieren. Wir sollten aber aus diesen unterschiedlichen Verhaltensweisen keine pauschalen Schlußfolgerungen für unsere Beratungstätigkeit ziehen!

## *Warum?*

Wenn 85 bis 90% aller Männer so reagieren wie der beschriebene HAKA-Kunde, wäre es gefährlich, die verbleibenden 10 bis 15% genauso zu behandeln wie die große Mehrheit der HAKA-Kunden. Da wir also in keinem Fall hundertprozentig wissen, ob unsere Menschenkenntnis ausreicht, empfiehlt es sich, eine zusätzliche Methode anzuwenden, die sogar noch wirksamer ist:

## *Die Analyse*

Wir sagten eingangs: „Verkaufen heißt herausfinden, was der Kunde braucht, um es ihm dann zu vermitteln." Die Analysephase ist der Teil der Verkaufsgesprächs, in dem „herausgefunden" wird.

Das Herausfinden der Kundenwünsche geschieht am besten durch geeignete Fragen. Natürlich werden Sie sagen, daß das nichts Neues ist. Denn gefragt haben Sie ja bislang auch immer. Aber selbst wenn Sie bis heute stets mit den richtigen Fragen den Kunden zur Äußerung seiner Wünsche und Ideen gebracht haben, ist es nicht gerade dann sinnvoll, eine erfolgreiche Methode zu verfeinern und ihre vielseitigen Anwendungsmöglichkeiten auszukosten?

Zunächst einmal ist es wichtig, den Unterschied zwischen offenen und geschlossenen Fragen zu kennen. Beide Frageformen bilden das Fundament für eine systematische Fragetechnik.

Woran erkennt man eine *offene* Frage, und was bewirkt sie?

Offene Fragen erkennt man an einem Fragepronomen: *wer? was? wann? wie? weshalb? warum? wo? wieso?* etc. Sie bewirken eine offene Antwort. *Offene Antwort* bedeutet, daß der Befragte sich so äußern kann, wie *er* möchte. Dabei ist sein Antwortspielraum so gut wie überhaupt nicht eingegrenzt, wenn man einmal vom Bezug zum Fragegegenstand absieht.
Dieser Freiheitsspielraum ist für viele – insbesondere für selbstbewußte Kunden – notwendig.

Folgende *Beispiele* für offene Fragen könnten in Ihrer beruflichen Praxis vorkommen:

- Wie gefällt Ihnen das Kleid?
- Was mögen Sie an der neuen Mode besonders?
- Wann muß die Änderung spätestens fertig sein?
- Wieviel Zeit räumen Sie unserem Atelier für die Änderung ein?
- Welchen Hersteller bevorzugen Sie?
- Warum bevorzugen Sie Grau-Töne?
- Wo haben Sie das schöne Kleid gekauft, das Sie jetzt tragen?
- Bis wann dürfen wir bei Ihnen anrufen?

Überprüfen Sie anhand dieser Beispiele, ob man wirklich – wie von mir behauptet – frei und offen antworten kann! Zum Beispiel auf die Frage „Wie gefällt Ihnen dieses Kleid?“ könnte eine Kundin antworten: „Hervorragend!“ oder „Miserabel! Viel zu groß!“ oder „Wissen Sie, Fräulein, die Farbe gefällt mir ja ganz gut, aber erstens ist mir das Kleid etwas zu weit ausgeschnitten, zweitens ist es zu schlecht verarbeitet, und drittens sagt mir der Preis nicht zu. Aber wenn Sie ein Kleid haben, das noch ein bißchen mehr Pfiff hat, vielleicht im Material auch noch mehr Eleganz zeigt, dann könnten wir unter Umständen ins Geschäft kommen!“

Sie sehen: Es stimmt! Die befragte Person kann sich kurz und knapp – aber mit selbstgewählten Worten – äußern oder aber zu einem längeren Kommentar ausholen.

Anders ist es mit der *geschlossenen Frage.* Sie engt den Antwortspielraum ein. Erkennbar ist die geschlossene Frage bereits an der Wortstellung: Sie beginnt stets mit einem Tätigkeitswort (Verb) oder mit einem Hilfszeitwort (Hilfsverb).

*Beispiele:*

- Haben Sie sich schon einmal im Spiegel betrachtet?
- Sind Sie aufgrund unserer Anzeige zu uns gekommen?
- Suchen Sie etwas besonders Schönes?
- Soll die Bluse für Sie sein?
- Zahlen Sie per Scheck oder bar?
- Soll ich Ihnen das Teil noch für ein paar Stunden zurückhängen?

Was kann die Kundin oder der Kunde auf derartige Fragen antworten? Meistens antwortet die befragte Person mit „ja", „nein", „ich weiß nicht" oder mit einer vorgegebenen Antwort.
Wenn Sie beispielsweise fragen: „Möchten Sie lieber ein rotes oder ein grünes Kleid?", kann sich die Kundin gedanklich nur auf die von Ihnen vorgegebenen Möglichkeiten konzentrieren.

Natürlich gibt es auch Kundinnen, die aus dem geringen Antwortspielraum ausbrechen.

Bei genauer Beobachtung Ihrer Kundschaft werden Sie aber feststellen, daß die überwältigende Mehrheit Ihrer Gesprächspartner sich in dem von Ihnen gesteckten Rahmen bewegt.
So werden also bei dem Beispiel „Möchten Sie lieber ein rotes oder ein grünes Kleid?" häufiger Vorentscheidungen für rot oder grün gefällt werden als für braun oder gelb.
Sicherlich wird hin und wieder auch die Antwort „Ich weiß noch nicht" kommen. Sie wird aber seltener auftauchen als bei der Fragestellung „Welche Farbvorstellung haben Sie?"

*Offene* Fragen haben den Vorteil, daß Sie mit ihnen auf den Partner verständnisvoll wirken. Er hat das Gefühl, im wahrsten Sinne des Wortes „gefragt" worden zu sein.

Der Freiheitsspielraum, den offene Fragen erlauben, ist besonders zu Beginn des Verkaufsgespräches wichtig. Erinnern Sie sich an die Auflokkerungsphase im Verkaufsgespräch (vgl. Seite 43)? Wir sagten, daß der Kunde unseren „Heimspielvorteil" überwinden muß, um für einen konstruktiven und überzeugenden Gesprächsverlauf offen zu sein. Wie soll sich beispielsweise der Kunde öffnen können, wenn er bereits an der Tür mit der geschlossenen Frage „Kann ich Ihnen helfen?" überfallen wird?

Andererseits ist es für Sie wichtig, die „Geister", die Sie riefen" – wie in Goethes „Zauberlehrling" – auch wieder loszuwerden. Es kann nämlich sein, daß der Kunde dank Ihrer auflockernden Gesprächsführung gar nicht mehr in der Konversation mit Ihnen zu bremsen ist.

Was tun Sie dann?

Es gibt zwar keine Zauberformel, den Wortschwall eines redseligen Kunden in höflicher Form aufs Thema zu lenken! Aber Sie können mit einer *geschlossenen* Frage die Gesprächsführung übernehmen.

Beispielsweise erzählt Ihnen eine ältere Kundin langatmig, wie schlecht doch die Kriegsqualität hinsichtlich der Farbechtheit der Stoffe war. Durch ihre engagierte Darstellung vergißt die Kundin, daß sie eigentlich zu Ihnen gekommen ist, um sich mit qualitativ hochwertiger „Nachkriegsqualität" einzudecken.

Helfen Sie ihr, wieder gedanklich zurück zu ihren Kaufabsichten zu kommen, indem Sie beispielsweise die Frage stellen: „Haben Sie denn bei der heutigen großen Auswahl an einen synthetischen Stoff oder mehr an ein Gewebe aus Naturfasern gedacht?" – Sie werden feststellen, daß die Kundin auf diese Weise wieder zum eigentlichen Gesprächsthema zurückfindet. Sie wird dann das von ihr bevorzugte Material nennen, und Sie bekommen endlich die Möglichkeit, die Kundin fachlich zu beraten! –

### *Wer fragt, steuert das Denken seiner Gesprächspartner*

Machen Sie im Freundes- oder Kollegenkreis einmal folgenden Test: Setzen Sie sich Ihrem Gesprächspartner gegenüber und vereinbaren Sie mit ihm, sich gegenseitig Fragen zu stellen.
Dabei kommt es darauf an, daß auf die gerade gestellte Frage nie mit einer Aussage, sondern nur mit einer Gegenfrage geantwortet wird.

Beispiel einer solchen „Frage-Gegenfrage-Kette“:

*Frage:* „Haben Sie heute schon die aktuellen Anzüge hereinbekommen?“
*Gegenfrage:* „An welchen Hersteller dachten Sie dabei besonders?“
*Frage:* „Meinen Sie, daß ich so stur bin und mich nur auf einen Fabrikanten festlege?“
*Gegenfrage:* „Sie sind also offen für das gesamte Sortiment?“
*Frage:* „Was haben Sie denn anzubieten?“
*Gegenfrage:* „Stimmt es, daß Sie mir mit Ihrem Drängen nach hochaktueller Ware freundlich unterstellen, daß ich das richtige Sortiment habe?“
*Frage:* „Warum werden Sie jetzt großspurig?“
*Gegenfrage:* „Fänden Sie es besser, wenn man eine hervorragende Leistung verschweigen würde?“
*Frage:* „Wann bekomme ich denn nun endlich mal einen Anzug zu sehen?“
*Gegenfrage:* „Warum weichen Sie immer aus, wenn die Unterhaltung anfängt, philosophisch zu werden?“
und so fort.

Wenn Sie ähnlich dem obigen Beispiel Ihrem Partner nur Frage stellen und er diese stets mit Gegenfragen beantwortet, kann es sein, daß sie ins Schleudern geraten.

Selbst Kenner im Bereich der *Fragetechnik* lassen sich, wenn sie nicht ganz genau aufpassen, zu einer klaren Antwort statt zu einer Gegenfrage verleiten.
Fragen blockieren den bisherigen Gedankenfluß!

Jede Frage unterbricht den Denkvorgang des Befragten. Bei der Durchführung des „Gegenfrage-Spiels" wird Ihnen bewußt, daß Sie nur bei erhöhter Denkleistung die Frage Ihres Gegenübers nicht beantworten. Aber sobald seine Frage ausgesprochen wird, beschäftigen Sie sich zumindest in Bruchteilen von Sekunden mit dem Inhalt der Frage. Erst dann können Sie mit Ihrer Gegenfrage reagieren. Stimmt das?? – Ja!!

Diese Erfahrung zu machen, ist für Ihre künftigen Verkaufsgespräche von unschätzbarem Wert.
Denn wenn wir wissen, daß der Kunde aufgrund unserer Fragestellung sich zumindest mit unseren Gedanken beschäftigen muß (weil er gar nicht anders kann), mag das für Sie unter Umständen eine Revolutionierung Ihrer Gesprächsführung bedeuten.
Schon Sokrates soll einmal gesagt haben: Ich könnte die Geheimnisse des Universums erklären, wenn man mir nur die richtigen Fragen stellen würde!
Nutzen Sie diese Erkenntnis! Steuern Sie mit Ihren Fragen das Gespräch! Sorgen Sie dafür, daß Ihr Gesprächspartner redet!
Er wird sich wohl fühlen, wenn Sie ihm zuhören und durch Ihre Fragestellung beweisen, daß Sie an ihm interessiert sind und an seinem Informationsstand als Verbraucher. Ein größeres Kompliment können Sie ihm kaum machen.
Je mehr Sie einen Menschen aufwerten, desto wichtiger sind Sie für ihn. Er braucht Sie immer dann, wenn er das Bedürfnis nach einer Aufwertung hat. Das kann öfter sein, als sie bislang vermutet haben.

Nachdem wir die beiden *Frageformen* (offene und geschlossene Fragen) kennengelernt und die psychologische Wirksamkeit der Fragetechnik schätzen gelernt haben, lohnt es sich, die erworbenen Kenntnisse zu verfeinern.

Über die Grundtypen „offene" und „geschlossene" Fragen hinaus gibt es nämlich noch die *Fragearten.*

Der Begriff „Frageart" charakterisiert die Eigenschaft, die eine Frage hat oder die Wirkung, die man mit ihr erzielen will.
Dabei ist die Zielrichtung viel feiner und konkreter angegeben, als es mit

den Begriffen „offen“ und „geschlossen“ möglich ist. Zudem kann eine Frageart vielfach sogar sowohl in der offenen als auch in der geschlossenen Form auftauchen.
In der nun folgenden Darstellung einzelner Fragearten haben wir Ihnen mit einigen Leerzeilen die Möglichkeit eingeräumt, einige Beispiele aufzuschreiben.

Sie können zwar durch die Beispiele, die zur Erkärung der einzelnen Fragearten verwendet werden, eine Menge lernen, es ist jedoch wissenschaftlich erwiesen, daß der Lernerfolg besonders hoch ist, wenn Sie ihre Lernprozesse durch eigenes Handeln unterstützen.
Unsere Beispiele sollen noch einmal den Unterschied zwischen offenen und geschlossenen Fragen deutlich machen.
Offene Fragen – Sie erinnern sich – beginnen mit einem Fragewort (wer? was? wo? etc.), geschlossene Fragen dagegen beginnen mit einem Tätigkeitswort.

## *Zischenbilanz (4)*

1. Die Gesprächsführung folgt dem ersten Eindruck.
2. In der Gesprächseröffnung vermeidet ein guter Verkäufer abgedroschene Begrüßungsfloskeln. Er stellt sich auf die augenblicklichen Gedankengänge des Kunden ein.
3. Nach der Gesprächseröffnung analysiert der Verkäufer die Kundenwünsche, er versucht also herauszufinden, was der Kunde braucht, um es ihm dann anbieten zu können.
4. In der Analyse arbeitet der Verkäufer mit unterschiedlichen Frageformen. Die offene Frage läßt dem Kunden einen größeren Antwortspielraum als die geschlossene Frage.
5. Die offene Frage erkennt man an einem Fragepronomen (wer? was? wann? wie? etc.). Die geschlossene Frage beginnt stets mit einem Tätigkeitswort (Haben Sie ...? Bezahlten Sie ...?)
6. Neben den Frageformen gibt es noch Fragearten, die zum Teil sowohl als offene als auch als geschlossene Fragen vorkommen können.

# Frage-Arten

## Informationsfrage

Die Informationsfrage dient dazu, objektive Sachverhalte festzustellen oder Wissenslücken zu schließen.
Sie ist sowohl in der offenen wie in der geschlossenen Frageform möglich.

*Unsere Beispiele:*

- Wie kam es zu der Reklamation? (offene Frage)
- Haben Sie besondere Preisvorstellungen? (geschlossene Frage)
- Welche Marken führen Sie? (offene Frage)
- Können Sie mir einen Bügel mitgeben? (geschlossene Frage)

*Ihre Beispiele:*

## Meinungsumfrage

Die Meinungsumfrage ist für das Ergründen der subjektiven Einstellung oder Meinung nützlich.
Genauso wie für einen militärischen Strategen das Wissen um den Standort der feindlichen Truppen wichtig ist, wollen wir möglichst viel darüber wissen, was unser Gesprächspartner denkt.

Die Meinungsumfrage kann – wie die Informationsfrage – sowohl offen als auch geschlossen gestellt werden.

*Unsere Beispiele:*

- Wie gefällt Ihnen das Abendkleid? (offene Frage)
- Möchten Sie gleich zwei von den preiswerten Blusen mitnehmen? (geschlossene Frage)

*Ihre Beispiele:*

__________________________________________

## Rhetorische Frage

Kennen Sie die Situation in einer Gesprächsrunde, in der ein Gesprächsteilnehmer plötzlich eine Frage ausspricht, aber jeder der übrigen Beteiligten nicht im geringsten daran denkt, diese zu beantworten?
Der Fragesteller beantwortet sich die Frage selbst.
Warum stellt er dann aber laut eine Frage, wenn nicht die scheinbare Befragten antworten, sondern er selbst?

Es handelt sich hier um ein in Rede und Gespräch oft benutztes Stilmittel:
die rhetorische Frage.

Wir hatten ja bereits in unserem „Frage-Gegenfrage"-Spiel festgestellt, daß der Fragende stets der Führende ist.

Durch die Fragestellung ist der Befragte gezwungen, den Gedankengang, der mit der Frage vermittelt wird, geistig aufzunehmen.
Diesen Effekt will man mit einer rhetorischen Frage bewirken. Die rhetorische Frage dient also lediglich dazu, bei den Zuhörern Interesse zu wecken und sie so sofort bei der Sache zu haben.
Wenn ein Kunde Ihnen sein Problem dargestellt hat und Sie seine Äußerungen kurz zusammenfassen, kann dabei die rhetorische Frage zum Zuge kommen.

*Beispiel:*

„Herr Kunde, um noch einmal auf den Kernpunkt Ihrer Wünsche zu kommen. – Was erwarten Sie von einem Anzug? – Es sind hohe Qualität, der günstige Preis und das modische Aussehen!"
Hier wird keine Kundenantwort erwartet. Aber durch das Heben der Stimme am Ende der Frage gewinnt die Verkäufer-Aussage mehr Farbe und Dynamik.

## Suggestivfrage

Die Suggestivfrage legt dem Befragten die Antwort in den Mund. Er hat keine Chance, offen auf die Frage zu reagieren. Deshalb rebellieren viele Gesprächspartner innerlich auf die Suggestivfrage.
Ich halte die Suggestivfrage für höchst unangemessen, weil sie fast diktatorisch und aufdringlich in die Gedankenwelt des Gesprächspartners einwirkt.

Für den Verkauf ist sie keineswegs zu empfehlen, weil sie nicht der Ermittlung der Kundenbedürfnisse dient, sondern überwiegend geeignet ist, gewaltsam dem Kunden etwas aufzuschwatzen.

Da es von jeder Regel auch eine Ausnahme gibt, stellen wir die Suggestivfrage an einigen Beispielen dar:
„Sie wollen doch ebenfalls mehr Geld verdienen?"
„Sie möchten ja wohl auch gut aussehen, oder?"

## Dirigierende Frage

Haben Sie einmal Kollegen (oder sich selbst) in folgender Situation beobachtet?

Die Verkaufskraft berät einen Kunden.
Nach anfänglicher Zurückhaltung wird der Kunde immer gesprächiger.
Plötzlich wird nicht mehr vom Kaufgegenstand gesprochen, sondern beispielsweise von der Inflation.
Auf einmal wechselt der Kunde wiederum das Thema. Er spricht nun nicht mehr von der Inflation, sondern von der Entwicklung im Nahen Osten.
Da der Nahe Osten etwas mit Erdöl zu tun hat, äußert er plötzlich den Standpunkt zur Kernenergie etc.
In solchen Augenblicken denkt jede Verkaufskraft darüber nach, wie sie den Wasserfall an Informationen in die richtigen Bahnen lenken kann. Schließlich kommt es darauf an, sich nicht *nur* zum Zeitvertreib und der Unkonzentriertheit des Kunden unterzuordnen, sondern auch der Berufspflicht zu genügen und den Kunden aktiv zu beraten.
Diese aktive Beratung besteht unter anderem darin, daß wir dem Kunden helfen, seine Gedanken wieder zum eigentlichen Grund seines Besuches zurückzuführen.

Dazu verhilft uns die dirigierende (lenkende) Frage.

Sie nimmt Bezug auf das zur Sache gehörende und lenkt die Gedanken des Gesprächspartners dahin, wohin wir sie haben möchten: zur Ware!

*Beispiele:*

„Sie erwähnten vorhin, daß Sie nicht mehr als 50 Mark ausgeben wollten ...“
„Hatten Sie zu Beginn des Gesprächs nicht ausdrücklich betont, daß Sie nur Ware vom Fabrikanten ... tragen?“

Die dirigierende Frage kann, wie das erste Beispiel zeigt, nicht nur bloße Frage, sondern auch steuernde Aussage sein.

Wir ordnen derartige Aussagen jedoch großzügig den dirigierenden Fragen zu, weil sie hinsichtlich der Wirkung den Charakter einer Frage haben.

Mit dirigierenden Fragen (oder Aussagen) können Sie insbesondere dann kostbare Zeit in Verkaufsgesprächen sparen, wenn andere Aktivitäten Ihrerseits vom Kunden übersehen werden. Das könnte zum Beispiel ein gezieltes Hantieren mit der Ware sein, was im Normalfall ein aufmerksamer Kunde sicherlich wohlwollend registrieren würde.

Erinnern Sie sich an *Fälle aus der Praxis*, in denen Ihnen die dirigierende Frage geholfen hätte, und ergänzen Sie die bereits vorformulierten, unvollständigen Fragen:

a) – Sie äußerten gerade, daß Sie ______________________________

______________________________________________

b) – Sagten Sie nicht vorhin, daß ______________________________

______________________________________________

c) – Vorhin wollten Sie etwas über die ___________________________

______________________________________________ wissen?

## Alternativ-Frage

In den Verkaufstrainings wird der Wert dieser Frageart oft stark betont. Zu Recht; denn die Alternativ-Frage ist eine Frage, die dem Kunden die Wahl zwischen zwei von uns genannten Möglichkeiten bietet. Wir erleichtern sie ihm, weil nur die beiden gebotenen Entscheidungsmöglichkeiten sein Denken binden. Weit schwerer fiele es dem Kunden, noch mehr Möglichkeiten in Betracht zu ziehen.

Kennen Sie die Geschichte von den zwei Frühstückskellnern? Sie illustriert vortrefflich die Wirkung von Alternativfragen.

Der Frühstückskellner eines Hotels ist erkrankt. Die Direktion läßt ihn von einem jüngeren Kollegen vertreten. Nach einer Woche stellt sie fest: Es sind erheblich mehr Eier zum Frühstück verkauft worden. Da gerade die Zusatzgeschäfte die Rendite erheblich beeinflussen, wollte die Direktion wissen, wie's der Aushilfskellner geschafft hatte, was seinem älteren Kollegen nicht gelungen war. Der von ihr mit der Beobachtung des Neuen beauftragte Mitarbeiter kam der Sache bald auf den Grund:

Hatte der erkrankte Kellner die Gäste stets gefragt:
„Wünchen Sie ein Ei zum Frühstück?", stellte der Aushilfskellner die Frage in der Alternativform: „Möchten Sie lieber ein Ei oder zwei Eier zum Frühstück?"

Mit dieser Frage nahm der junge Mann den Gästen die grundsätzliche Entscheidung ab, ob sie überhaupt ein Ei verzehren wollen. Er setzte das einfach voraus. In seiner Frage ging es nur noch um die Zahl der gewünschten Frühstückseier.

Denken Sie jetzt einmal wieder an unsere Feststellung, daß man mit Fragen das Denken der Gesprächspartner steuert.
Da in der Frage „Möchten Sie ein Ei oder zwei Eier?" zwei Antwortmöglichkeiten enthalten sind, die beide auf den Eierverkauf abzielen, sind die Chancen, Eier zu verkaufen, erheblich größer als bei der Frage „Möchten Sie ein Ei zum Frühstück?"

Die Frage „Möchten Sie ein Ei zum Frühstück?" räumt dem Befragten noch zu 50 % die Möglichkeit ein, „nein" zu sagen.

Natürlich ist der Einwand berechtigt, daß auch bei der Alternativfrage der Befragte „weder-noch" oder „nein" sagen kann.
Aber aufgrund der Gesetze der Wahrscheinlichkeitsrechnung hat der Fragesteller mit der Alternativ-Frage größeren Erfolg.

Wenn wir einmal davon ausgehen, daß die Vielzahl der Gesprächspartner sich gleichmäßig auf die Antwort-Alternativen verteilen, dann bedeutet dies, daß von hundert Personen, die die Informationsfrage „Möchten Sie ein Ei zum Frühstück?" gestellt bekommen, 50 mit „ja" und 50 mit „nein" antworten.

Bei der Frage „Möchten Sie ein Ei oder zwei Eier zum Frühstück?" sagt dann 1/3 der Befragten „nein", 1/3 sagt „ein Ei" und das letzte Drittel bestellt zwei Eier.

Statt 50 Eier zu verkaufen (– möchten Sie ein Ei?) verkauft der Kellner also 33 1/3 mal ein Ei (33 Eier) und 33 1/3 mal zwei Eier (67 Eier), also genau doppelt soviel Eier wie sein Kollege.

Natürlich können wir dieses Eierbeispiel nur bedingt auf die Modebranche übertragen.
Damit wird der Alternativ-Frage aber keineswegs die ihr soeben zugesprochene Bedeutung wieder entzogen. Im Gegenteil! In Ihrer beruflichen Praxis hat die Alternativ-Frage erhebliches Gewicht:

Bevor zum Beispiel eine Kundin anfängt, das gesamte Sortiment durchzuwühlen, können Sie ihr mit Alternativ-Fragen helfend beistehen. So können Sie etwa der Kundin schon hinsichtlich der Geschmacksrichtung zu einer Teilentscheidung verhelfen, indem Sie die Alternativ-Frage stellen: „Möchten Sie etwas Avantgardistisches, oder ziehen Sie die klassisch-elegante Form vor?"

Wenn sich die Kundin für „avantgardistisch" entscheidet, brauchen Sie ihr das gesamte Angebot an „klassischen" Kleidern gar nicht mehr zu zeigen.

Welch enormer Zeitgewinn nur durch die richtige Fragetechnik!

Zudem gibt es eine Gesetzmäßigkeit in der Natur des Menschen, die besagt, daß jeder Mensch Alternativen als Entscheidungshilfen benötigt.

Ihnen wäre es sicherlich auch nicht recht, wenn man in Ihrer Kantine *nur ein* Essen servieren würde. Haben Sie aber die Möglichkeit, zumindest zwischen zwei Gerichten zu wählen, fühlen Sie sich wohler.
Kaum jemand mag sich gern von anderen die Entscheidung, die er zu fällen hat, vorschreiben lassen.
Niemand möchte andererseits bei einer übermäßig großen Fülle von Entscheidungsmöglichkeiten allein gelassen werden. Die Alternativ-Fra-

ge engt die Entscheidungsmöglichkeiten zwar ein, zwingt aber keine Entscheidung auf.

Sie als Verkäufer stehen immer wieder vor der Frage: Wie weit kann und darf ich den Denk- und Entscheidungs-Spielraum meiner Kunden einengen?

Im allgemeinen ist der Gebrauch von Alternativ-Fragen nicht zu beanstanden. Man steuert mit ihnen das Verkaufsgespräch zwar sehr stark – insbesondere wenn die Alternativen suggestiv gefärbt sind –, sie bieten aber dem Kunden die Möglichkeit, seine eigene Meinung zu vertreten.

Unvertretbar aber ist die Steuerung Ihres Gesprächspartners durch Alternativ-Fragen dann, wenn er sich beispielsweise wegen Sprachschwierigkeiten (Ausländer) oder aus anderen Gründen nicht gleichwertig mit Ihnen unterhalten kann. Es besteht dann die Gefahr, daß dem wehrlosen Kunden ein Produkt verkauft wird, das er gar nicht gewollt hat.

Suchen Sie daher ständig nach einer vertretbaren Mischung zwischen den Interessen des Kunden und Ihren eigenen Interessen.
Sie sind nämlich auch verantwortlich für die Interessen des Kunden!

*Unsere Beispiele für Alternativ-Fragen:*

1. – Möchten Sie lieber einen weit oder einen eng geschnittenen Rock?

2. – Würden Sie sich zu dieser Bluse lieber eine modische Kette oder einen feschen Schal aussuchen?

*Ihre Beispiele:*

1. ______________________________

______________________________

______________________________

______________________________?

2. ______________________________________________

______________________________________________

______________________________________________

______________________________________________?

## Mehrfachauswahl-Frage

Die Mehrfachauswahl-Frage ist nichts anderes als die Erweiterung der Alternativ-Frage.

Wir sagten, daß in der Alternativ-Frage dem Befragten zwei Entscheidungsmöglichkeiten angeboten werden.
In der Mehrfachauswahl-Frage wird die Zahl der Antwortmöglichkeiten – theoretisch bis unendlich – erweitert. Jede geschlossene Frage, die mehr als zwei Antwortvorgaben bietet, ist also eine Mehrfachauswahl-Frage.

*Unsere Beispiele:*

- Tragen Sie gern Rot, Grün oder Schwarz?
  (drei Möglichkeiten)

- Bevorzugen Sie Naturfaser, ein Mischgewebe, Synthetik, oder ist es Ihnen egal, aus welchem Material Ihr Kleid ist?
  (vier Möglichkeiten)

*Ihre Beispiele:*

______________________________________________

______________________________________________

______________________________________________

Die Mehrfachauswahl-Frage hat den Vorteil, daß man die Antwortmöglichkeiten gezielt vorprogrammieren kann.
Nachteile können bei zu vielen oder zu komplizierten Antwortvorgaben entstehen. Der befragte Kunde wird möglicherweise durch die Fülle der Informationen überfordert.

## Kontrollfrage

Die Kontrollfrage ist ein wesentlicher Bestandteil der Analysephase und des gesamten Verkaufsgesprächs.

Sie bietet uns Verkäufern während des Gesprächs mit dem Kunden eine hervorragende Möglichkeit der Überprüfung des Gesprächsverlaufs. Wir als Verkäufer denken wirtschaftlich auch hinsichtlich des Vorgehens im Verkaufsgespräch. Zeitvergeudung wäre gegeben, wenn wir an den Wünschen und Bedürfnissen unserer Kunden vorbeiredeten. Möglicherweise würden wir sie dann auch langweilen. Ihre Kauflust, die sie in unser Geschäft geführt hat, könnte durch ungezieltes Aneinandervorbeireden schwinden.
Überhaupt: Es ist ein Symptom unserer Zeit, nicht mehr aufeinander einzugehen, sondern nur die eigene (häufig verschwommene) Meinung darzustellen und gelten zu lassen.
Deshalb gibt es inzwischen sogar Seminare und Trainings, die „lediglich" darauf abzielen, das gegenseitige Verstehen zu üben.

Um so dankbarer sollten wir dann jede Gelegenheit nutzen, die es uns erlaubt, bei möglichen Mißverständnissen korrigierend einzugreifen.

Dies kann zum Beispiel durch eine Kontrollfrage geschehen; sie ist immer eine geschlossene Frage.
Ihr Wesen besteht darin, auch formale Übereinstimmung zwischen den Gesprächspartnern für bereits Gesagtes zu erzielen.

Der Fragesteller faßt noch einmal mit seiner Frau zusammen, was er verstanden hat, um vom Gesprächspartner ein „ja" oder ein „nein" zu erhalten.

Wir wenden die Kontrollfrage häufig während der Analyse an.
Beispielsweise erscheint eine begeisterte Kundin bei uns im Geschäft:
Sie nennt als Kaufwunsch einen superleichten Bademantel, den sie ohne weiteres im Koffer verstauen kann und fängt dann an, mit Begeisterung an einem Ständer mit Schals und Tüchern zu wühlen und zu schwelgen.
In einer solchen Situation kann die Kontrollfrage der dirigierenden Frage sehr ähnlich sein, wenn Sie fragen: „Sie wollten sich zunächst die superleichten Bademäntel anschauen, stimmt das?"

Wenn die Kundin mit „ja" antwortet, zeigen Sie ihr die Bademäntel; sagt sie „nein" und zeigt auf die Tücher, haben Sie die Möglichkeit, sofort umzuschwenken und sich auf das Kaufziel Iher Kundin einzustellen.

Es ist wichtig, daß Sie des öfteren Kontrollfragen stellen. Der Kunde fühlt sich dann eher verstanden.
Angenommen, Ihr Kunde äußert einen ganz exakten Kaufwunsch, zum Beispiel:
„Ich möchte ein hellgraues Oberhemd, tailliert, mit kleinem Kragen, Größe 39, Marke ..."
Dann können Sie bei der Fülle der Informationen noch einmal mit einer Kontrollfrage nachfassen: „Ein graues Hemd, Größe 39, von ...?"
Der Kunde wird mit „ja" antworten.
Nach diesem „ja" können Sie noch einmal nachfassen und fragen: „Mit kleinem Kragen?"
Wieder wird der Kunde nicken oder mit „ja" antworten.

Sie bringen auf diese Weise Ihren Gesprächspartner gezielt dazu, des öfteren Zustimmung zu bekunden.
Dies ist eine Nebenwirkung des Einsatzes der Kontrollfrage. Wir nennen sie die *Ja-Straße.*

Achtung:
Denken Sie bitte daran, daß zu viele Kontrollfragen auf den Kunden penetrant wirken können.

## Gegenfrage

Mit der Gegenfrage sichern Sie sich wieder die Gesprächsführung. Gehen Sie behutsam mit ihr um. Sie könnten in manchen Fällen auf den Kunden patzig wirken. Wenn beispielsweise eine etwas beleibte Kundin nach einem quergestreiften Kleid fragt: „Haben Sie das auch in meiner Größe?" und Sie dann mit der Gegenfrage antworten: „Wollen Sie das wirklich bei *Ihrer* Figur in die engere Wahl ziehen?"
Die Gegenfrage paßt aber gut in den Fällen, in denen man gleich auf den Kern des Kundenproblems kommen kann.

*Beispiele:*

Der Kunde fragt: „Haben Sie auch hellblaue Oberhemden?"
Gegenfrage: „Welche Kragenweite kommt in Betracht?"

Der Kunde fragt: „Führen Sie ‚festliche' Hemden?"
Gegenfrage: „Für Sie, oder soll es ein Geschenk sein?"

*Ihre Beispiele:*

Kunde fragt: ______________________________

______________________________

Gegenfrage: ______________________________

______________________________

Kunde fragt: ______________________________

______________________________

Gegenfrage: ______________________________

______________________________

Kunde fragt: ______________________________________________

______________________________________________

Gegenfrage: ______________________________________________

______________________________________________

Kunde fragt: ______________________________________________

______________________________________________

Gegenfrage: ______________________________________________

______________________________________________

Kunde fragt: ______________________________________________

______________________________________________

Gegenfrage: ______________________________________________

______________________________________________

## Reflektierende Frage

Die reflektierende Frage ist im Rahmen des Verkaufsgesprächs ein „Knüller".

Sie bewährt sich deshalb so gut im Verkaufsgespräch, weil sie sowohl kontrollierende als auch positiv lenkende Funktion hat. Wie bei dem Funkkontakt zwischen dem Piloten und dem Kontrollturm des Flughafens gibt sie den Inhalt der Kundenaussage mit den eigenen Worten des Verkäufers wieder. Dabei hat dieser die Möglichkeit, eine eigene – eben positive – Wertung ins Gespräch zu bringen.

Die reflektierende Frage hat drei Vorteile:

1. Sie bietet dem Verkäufer die Möglichkeit zu überprüfen, ob er den Kunden richtig verstanden hat.

2. Sie läßt die Möglichkeit zu, einer negativen Kundenäußerung eine positive Wendung zu geben und das Gespräch in eine „bejahende" Richtung zu lenken.

3. Sie hilft dem Verkäufer, den Kunden in seinen Äußerungen zu bekräftigen und zu bestärken.

Zu den reflektierenden Fragen zählen wir der Einfachheit halber auch die reflektierenden Aussagen oder indirekten Fragen. Ihnen fehlt das Fragezeichen, sie haben aber die gleiche Wirkung. Gerade in Fällen der noch zu behandelnden Einwand-Entkräftung wirkt die reflektierende Frage oft Wunder.

Sie beginn meistens mit den Worten:
„Meinen Sie also ...?"
„Sie finden also ...?"
„Wenn ich Sie richtig verstanden habe, glauben Sie ...!"

*Beispiel:*

Eine Kundin stellt bei der Anprobe fest, daß das Kleid ihr nicht paßt. Sie sagt: „Es ist mir etwas zu eng!" Eine geschickte Verkäuferin würde mit der reflektierenden Frage oder Antwort entgegnen: „Möchten Sie also mal das gleiche Kleid in der passenden Größe probieren?"

Sie erkennen an der Fragestellung, daß die negative Aussage der Kundin („Das Kleid paßt nicht!") in einen positiven Handlungswunsch („Möchten Sie das gleiche Kleid mal in der passenden Größe probieren?") umgewandelt wurde. Eine weniger qualifizierte Verkäuferin würde die negative Meinung der Kundin stützen, ohne das Verkaufsgespräch produktiv voranzutreiben: „So, das Kleid ist Ihnen also zu eng ..."

Verwandeln Sie negative Aussagen durch die reflektierende Frage ins Positive!

Seien Sie eine versierte Verkaufskraft!

Wandeln Sie folgende Negativ-Bemerkungen zur Übung um!

1. Der Rock ist zu weit!

Ihre Lösung: ____________________

____________________

____________________

____________________

2. Die Hose kneift im Schritt!

Ihre Lösung: ____________________

____________________

____________________

____________________

3. Das Kleid wirkt zu grell!

Ihre Lösung: ____________________

____________________

____________________

____________________

4. Die Bluse ist mir zu trist!

Ihre Lösung: ______________________________

______________________________

______________________________

______________________________

Unsere Lösungsvorschläge finden Sie auf der nächsten Seite.

## Versteckte Frage

Manchmal ist eine klar ausgesprochene Frage nicht so geeignet für das Gesprächsklima. Gerade sehr empfindliche oder besonders zurückhaltende Kunden fühlen sich unter Umständen durch die direkte Fragestellung überrumpelt. In solchen Situationen empfiehlt es sich, die Frage in einen Aussagesatz einzukleiden, der gleichzeitig Interesse an der Person des Kunden signalisiert.

*Unsere Beispiele:* Mich interessiert, zu welchem Anlaß Sie das Kleid tragen möchten.
oder
Ich wüßte gern, ob der schwarze Ledergürtel auch zu diesem Rock paßt.

*Ihre Beispiele:*

______________________________

______________________________

______________________________

______________________________

______________________________

*Lösungsvorschläge zu den Negativ-Bemerkungen auf den vorigen Seiten:*

zu 1. „Sie suchen also einen etwas schmaler geschnittenen Rock ...“

zu 2. „Sie möchten dann sicher eine Hose mit mehr Bewegungsfreiheit probieren ...“

zu 3. „Sie legen also auf eine gedeckte Farbwirkung Wert ...“

zu 4. „Es geht Ihnen darum, eine lebhafter wirkende Bluse zu probieren.“

## Zwischenbilanz (5)

1. Jeder Kunde will „gefragt“ werden.

2. Unsere Fragen steuern das Denken des Kunden.

3. Die verschiedenen Fragearten helfen uns bei der Ermittlung des Kundenwunsches.

4. Mit Fragen können wir den Kunden zum Reden und zu Teilentscheidungen bewegen.

5. Fragen helfen uns, das Gespräch flüssig zu halten.

6. Mit Fragen können wir die Wirkung unserer Argumentation erkennen und Einwände entkräften.

7. Es gilt der Grundsatz:
   „*Wer fragt, der führt!*“
   denn in der Behauptung liegt der Stachel zum Widerspruch.

# Das Angebot

Mit Hilfe der Fragetechnik haben wir herausgefunden, was der Kunde möchte. Nun können wir ihm endlich in der Angebotsphase das Gesuchte vermitteln.
„Halt!“ werden Sie sagen. „Was mache ich, wenn ich das, was der Kunde wünscht, gar nicht vorrätig habe?“
Diese Frage erübrigt sich. Denn entweder haben Sie bei der Analyse herausgefunden, daß Sie die gewünschte Ware nicht führen und dem Kunden dies ganz offen und ehrlich gesagt, oder Sie haben ihn bereits mit Hilfe Ihrer ausgefeilten Fragetechnik dahin gebracht, daß er sich für Ware interessiert, die Sie tatsächlich auch im Geschäft haben. Hüten Sie sich davor, mittels Fragetechnik herauszufinden, was der Kunde braucht, um dann, weil Sie nicht haben, was er wünscht, das anzubieten, was ihn nicht interessiert.
Wenn Sie so vorgehen, können Sie sich die vorgeschaltete Analyse sparen.

Zeigen Sie dem Kunden die Ware, gehen Sie mit ihr vorsichtig und liebevoll um. Das muß auch für ein Produkt der unteren Preisklasse gelten. Ihr Geschäft führt es, weil man sich dafür offenbar Absatzchancen ausrechnet. In Ihrem Beruf müssen Sie sich mit den Entscheidungen der Geschäftsleitung und Einkäufer identifizieren.

Wie würden Sie als Kunde reagieren, wenn Sie spüren, daß der Verkäufer von den Entscheidungen seiner Vorgesetzten nichts hält?
Was würden Sie empfinden, wenn Sie spüren, daß der Verkäufer die Ware, die er anbietet, innerlich ablehnt?

Wenn sich der Kunde trotz Ihrer inneren Ablehnung doch zu einem Kauf entschließt, ist er im Grunde seines Herzens nicht froh über die Entscheidung.

Gerade bei einem Angebot muß der Verkäufer die Überzeugung ausstrahlen, daß genau diese Ware für den Kunden die richtige ist.
Das kann er auch mit gutem Gewissen tun, wenn richtig analysiert worden ist.
Je besser die Analyse war, desto leichter fällt es einem fähigen Verkäufer, – selbst bei einem „teuren" Produkt – dem Kunden den Preis zu verkaufen.
Gerade beim Angebot zeigt sich, ob der Verkäufer in der Lage ist, sich als fairer Vermittler zwischen den unterschiedlichen Interessenlagen zu bewähren. Diese können wir wie folgt umreißen:

Die Interessen des Kunden:
Der Kunde hat ein Interesse daran, für einen angemessenen Preis eine entsprechende Qualität zu erhalten. Er erwartet, daß der Verkäufer ihm die Produktvorteile erläutert, zumindest aber will er die Gewähr haben, daß die Produktaussage stimmt. Er will ferner das Gefühl haben, daß der Verkäufer nicht nur die Interessen des jeweiligen Geschäfts wahrnimmt, sondern ihn so objektiv wie möglich berät.

Die Interessen des Unternehmens:
Das Unternehmen hat ein Interesse daran, sich mit Hilfe versierter Fachleute im Markt einen guten Ruf zu erwerben. Da es nur wenige Lieferanten gibt, die ein Haus am Platz exklusiv beliefern, kann sich das Unternehmen insbesondere durch qualifizierte Beratung im Verkauf von anderen Häusern unterscheiden. Ein vernünftiger Einzelhändler legt keinen Wert darauf, daß seine Mitarbeiter um jeden Preis jedes Produkt verkaufen. Zwar werden manchmal auf nicht mehr so modische Artikel besondere Prämien ausgesetzt, um die Verkaufsaktivitäten des Personals zu erhöhen. Derartige Belohnungen dürfen jedoch nicht dazu führen, daß der Verkäufer in der Angebotsphase den Kunden bedrängt und ihm die Ware aufdrängt. Einem Unternehmen ist mehr gedient, wenn Laufkunden durch qualifizierte Beratung zu Stammkunden werden, als wenn die Kundschaft den Kauf nachträglich bereut und Negativreklame im Verwandten- und Bekanntenkreis macht.
Das Unternehmen ist stets daran interessiert, sein Angebot mit einem Höchstmaß an Freundlichkeit und ästhetischer Darbietung der Ware zu unterbreiten.

Die Interessenlage des Verkäufers oder der Verkäuferin:
Die Verkaufskraft erwartet vom Unternehmer, daß er sie für ihre Verkaufstätigkeit honoriert. Darüber hinaus müssen die Arbeitsbedingungen stimmen. Pausen, Licht- und Luftverhältnisse müssen stimmen. Ebenso kommt es dem Verkäufer oder der Verkäuferin darauf an, daß das Warenangebot gegenüber dem zu erwartenden Publikum verkäuflich ist.
Ein bewußt überspitztes Beispiel soll dies illustrieren:
Wenn ein kleines Textilgeschäft in der Nähe eines Lagers mit Asozialen Modell-Abendkleider anbietet, wird es davon wegen seines Standortes vermutlich weniger absetzen als Häuser in der renommiertesten Einkaufsstraße der Stadt.
Die Verkaufskräfte haben also auch bestimmte Vorstellungen vom Gros ihrer Kunden. Selbst wenn dies nicht so ausgeprägt der Fall sein sollte, erwarten sie von ihren Kunden einen fairen, sauberen Gesprächsstil. Sie wollen als Fachleute akzeptiert werden, die zu einer ordentlichen Beratung fähig sind.

Aus diesen drei unterschiedlichen Erwartungshaltungen ergeben sich für den Verkäufer beim Angebot folgende Konsequenzen:
Der Verkäufer nimmt den Kunden ernst und bietet ihm die Ware an, die er als dessen Kundenwunsch analysiert hat. Der Verkäufer respektiert den Kunden als Persönlichkeit. Er begegnet ihm höflich und geht mit der Ware sorgsam um. Der Verkäufer begründet unterschiedliche Warenqualitäten so überzeugend, daß das Haus dadurch an Ansehen gewinnt. Eine engagierte Verkaufskraft gibt dem Kunden beim Angebot zu verstehen, daß sie von der Richtigkeit der Sortimentspolitik ihrer Firma überzeugt ist. Eine gescheite Verkaufskraft kann Warenkritik des Kunden nicht beeindrucken. Eine aufgeschlossene Verkaufskraft bietet dem Kunden nur das an, was aufgrund der vorausgegangenen Analyse tatsächlich für den Kunden in Frage kommt.

Wichtiger Hinweis:
Hüten Sie sich vor „Zirkusnummern“ im Verkaufsraum!
Es gibt zum Beispiel unter Modeverkäuferinnen welche, die für gut situierte Kundinnen eine Laufsteg-Atmosphäre schaffen wollen. Beispielsweise so:

Die Verkäuferin nimmt das Abendkleid vom Ständer und schleift es dann am ausgestreckten Arm über den Teppichboden. Die Behauptung, eine solche Art der Präsentation sei überzeugender, stimmt nicht! Die Kundin würde daheim auch nicht so mit dem kostbaren Kleid umgehen. Selbst wenn sie den saubersten Fußboden der Welt besäße, sähe die Kundin das Schleifen über den Fußboden als eine Wertminderung des Kleides an.
Breitet man das Abendkleid jedoch auf einem dafür vorgesehenen Podest wirkungsvoll aus, kann eine Demonstration Wunder wirken. Ein wie tot auf dem Bügel hängendes Kleidungsstück könnten Sie so für die Kundin zu einer modischen Augenweide werden lassen.

Lassen Sie beim Angebot den Kunden mehr reden. Geben Sie ihm die Chance, sich offen und frei zu äußern.
Loben Sie die Ware nicht hoch!

## Die Vorteilsargumentation in der Angebotsphase

Eines können Sie jedoch tun. Sie können die Vorteile Ihrer Produkte in angemessener Weise herausstreichen. Dies sollte – wie bereits erwähnt – nicht durch Hochloben der Ware geschehen, sondern durch eine sachliche, am Nutzen für den Kunden orientierte Erläuterung.
Wenn Sie bei der Analyse des Verkaufsgesprächs herausgefunden haben, wofür die Kundin das Kleidungsstück benötigt, oder auf welche Produkteigenschaften sie Wert legt, ist es Ihrer Aufgabe, ihr beim Anbieten der Problemlösung diesen Nutzen noch einmal beispielhaft vor Augen zu führen. Gehen Sie so vor, haben Sie nur Erfolg, wenn Sie abgedroschene Begriffe wie „todschick", „flott" oder „bezaubernd" vermeiden. Erläutern Sie die Produktvorteile und ihre Bedeutung für den Kunden!

*Beispiel:*

Eine Kundin möchte ein Abendkleid kaufen. Sie legt Wert darauf, daß dieses Kleid nicht overdressed wirkt und sowohl zu weniger feierlichen

als auch zu sehr festlichen Anlässen getragen werden kann – gegebenenfalls unter Zuhilfenahme entsprechender Accessoires.
Sie haben ein entsprechendes Kleid im Angebot und legen es der Kundin vor. Es empfiehlt sich nun, auf den vorausgegangenen Gesprächsverlauf zurückzugreifen:
„Sie suchen ein Kleid, das Sie recht vielseitig verwenden können. Dieses Kleid hier zeichnet sich durch schlichte Eleganz aus. Mit ihm sind Sie sowohl bei einem Ball, einer Taufe, einer Konfirmation, einem Theaterbesuch, aber auch bei einem gesellschaftlichen Empfang immer gut angezogen."
Haben Sie diese Vorteile (ganz unterschiedliche Verwendungsmöglichkeiten) aufgezählt, machen Sie am besten eine Sprechpause und warten die Reaktion der Kundin ab.
Geben Sie Ihrer Kundin die Chance, sich gedanklich in diesem Kleid in den genannten Lebenssituationen vorzustellen. Und holen Sie dann – durch ein Kopfnicken oder ein „ja" – die Zustimmung der Kundin ein.
Ist die Kundin mit dem Kleid nicht einverstanden, müssen Sie neu analysieren, das heißt nach ihren Bedenken fragen. Dies wird selten vorkommen, da Sie ja hoffentlich richtig analysiert haben.
Zudem haben Sie die Bedeutung der Produktvorteile erst aufgezählt, nachdem die Kundin sich bereits mit dem Kleid identifiziert hat.
Stellen Sie die Bedeutung der Vorteile des Kleides heraus, fühlt sich die Kundin in ihrem Kaufentschluß erneut bestärkt.
Sie liefern ihr damit auch Argumente, die sie gegebenenfalls verwenden kann, um ihrem Lebensgefährten gegenüber den Kauf zu begründen.

Bringen wir also noch einmal die Vorteilsargumentation auf eine Kurzformel:
Wir nennen sie die VBZ-Formel:
V steht dabei für „Vorteil nennen",
B steht für „Bedeutung erläutern",
Z steht für „Zustimmung einholen".
Im Klartext bedeutet das:
Sie nennen die Produktvorteile und erläutern deren Bedeutung für das tägliche Leben. Dann warten Sie die Zustimmung der Kundin ab.

Um dieses Prinzip zu verdeutlichen, noch einmal zwei *Beispiele:*

1. Eine Kundin möchte eine Bluse kaufen. Sie bieten ihr, nachdem Sie Schnitt- und Farbvorstellung erfragt haben, eine pflegeleichte Bluse an und sagen zur Kundin: „Dieses Material ist pflegeleicht, das bedeutet, Sie können die Bluse selbst waschen und müssen sie nicht in die Reinigung geben. Dadurch sparen Sie Geld und können sie viel eher wieder anziehen."

2. Eine Kundin betritt mit ihrem etwa siebenjährigen Sohn die Kindermodenabteilung. Sie möchte für ihn eine sehr haltbare Hose haben. Sie suchen gemeinsam mit Mutter und Kind eine Hose, die dem Buben gefällt. Bei der Anprobe erläutern Sie der Mutter das Material, sagen aber nicht nur: „Die Hose ist strapazierfähig", sondern auch, was das bedeutet: „Die Hose ist aus einem strapazierfähigen Baumwoll- und Synthetikgemisch. Damit kann Ihr Junge ruhig einmal auf dem asphaltierten Schulhof hinfallen. Es wird nicht gleich ein Loch in der Hose sein; auch beim Rodeln und Ballspielen bleibt die Hose formbeständig und wetzt sich nicht so leicht ab. Ist es das, was Sie suchen?"

Mitte dieser Kontrollfrage ist noch einmal die Zustimmung der Kundin eingeholt. Auf solche Art und Weise wird selbst eine skeptische Kundin leichter zum Kaufentschluß kommen können.

## *Zwischenbilanz (6)*

1. Bieten Sie nur Ware an, die den Kunden interessiert.
2. Gehen Sie liebevoll mit der Ware um. Sie erhöhen damit ihren Wert.
3. Identifizieren Sie sich mit der Ware, selbst wenn sie nicht Ihrer persönlichen Geschmacksrichtung entspricht. Es kommt darauf an, daß sie dem Kunden gefällt.
4. Zeigen Sie die Ware in angemessener Weise; vermeiden Sie bei der Präsentation Imperative und „Zirkusnummern" im Verkaufsraum. Lassen Sie den Kunden zum Angebot Stellung nehmen!
5. Streichen Sie in angemessener Weise die Produktvorteile heraus.
6. Bei Einwänden empfiehlt es sich, neu zu analysieren statt zu überreden.

# Die Behandlung von Einwänden

Selbst wenn Sie als Verkäufer gut analysiert haben, was der Kunde braucht, und ihm dann das entsprechende Angebot mit vorzüglicher Argumentation unterbreitet haben, wird es häufig Einwände geben.

Die Einwände lassen sich in drei Hauptgruppen einteilen:
1. Einwände gegen die Qualität und Verarbeitung des Materials,

2. Einwände gegen das modische Gesamtbild, in dem sich der Kunde mit der Ware sieht,

3. Einwände gegen den Preis.

Wenn zum Beispiel eine Kundin die ihr angebotene Bluse bei der Anprobe wunderhübsch findet, den Schnitt und die Farbe bejaht, kann sie dennoch etwas gegen das verarbeitete Material haben.

Viele berufstätige Frauen legen Wert auf besonders pflegeleichte Materialien. Angenommen, die Bluse ist nicht pflegeleicht, kann es sein, daß die Kundin diesen Nachteil sehr stark bewertet. Gerade eine sparsame Hausfrau rechnet häufig sehr genau durch, wieviel sie ausgeben kann, wenn sie die Bluse häufig zur Reinigung geben muß. Sie kalkuliert pro Reinigung vielleicht 7 DM ein. Selbst wenn sie die Bluse nur einmal im Monat reinigen läßt, sind es immerhin 84 DM pro Jahr Mehrkosten, die auf sie zukommen. Noch dazu muß sie auf die Bluse, wenn diese bei der Reinigung ist, verzichten!

In einer solchen Situation hilft häufig nur die faire Gegenüberstellung der Vor- und Nachteile der Bluse. Wir nennen das die *Plus-Minus-Methode.*

## Die Plus-Minus-Methode

Die Plus-Minus-Methode besteht in der nochmaligen Aufzählung der einzelnen Vorteile und der Gegenüberstellung des Nachteils oder der Nachteile.

Im genannten Beispiel könnte die Argumentation etwa folgendermaßen aussehen:

„Sie fragen sich also, Frau ..., ob es sich lohnt, die Bluse zu kaufen, obwohl Sie sie reinigen lassen müssen." (Sie merken, wie auch hier die reflektierende Frage „Sie fragen sich also, ..." eine elegante Strukturierung des Verkaufsgesprächs einleitet.)

Die Kundin wird auf diese Frage mit einem Ja oder mit einem Nicken antworten:

Wir werden auf dieses Nicken oder dieses Ja wie folgt reagieren:

1. „Die Bluse paßt, wie Sie sagten, hervorragend zu Ihrer übrigen Garderobe und läßt sich somit gut kombinieren."
2. „Das Material ist hautsympathisch."
3. „Die Bluse wirkt außerordentlich elegant und kann zu jedem festlichen Anlaß getragen werden."
4. „Der Schnitt betont Ihre Figur sehr vorteilhaft."
5. „Das ist eine ...-Bluse – eine Garantie für Exklusivität."

„Neben diesen Vorteilen haben wir als einzigen Nachteil die Tatsache, daß Sie die Bluse reinigen lassen müssen.

Nun, Frau ..., überlegen Sie einmal, ob es sich lohnt, wegen dieser vielen Vorteile den Nachteil des Nicht-waschen-könnens in Kauf zu nehmen."

Bei dieser Art der Gegenüberstellung werden viele Kundinnen feststellen, daß die Vorteile überwiegen.

Hätten Sie die Vor- und Nachteile nicht so fair einander gegenübergestellt, wäre die Kundin wegen des einzigen Punktes, des einzigen Nachteils, möglicherweise vom Kauf zurückgetreten, und Sie hätten kostbare Beratungszeit nutzlos investiert.

Ähnlich sieht es aus, wenn die Ware schlecht verarbeitet ist. Gerade bei ausländischen Herstellern stellen wir häufig fest, daß die Nähte nicht so

exakt verlaufen wie bei inländischen Fabrikanten. Dennoch ist importierte Ware oft modisch so aktuell, daß ihre Verarbeitung in den Hintergrund tritt. Auch hier arbeiten wir mit der reflektierenden Frage:
„Sie fragen sich also, Frau ..., ob es sich lohnt, für soviel modischen Chic auch kleine Verarbeitungsmängel hinzunehmen?" Ist sie nicht bereit, die Verarbeitungsmängel hinzunehmen, bemühen wir uns im Rahmen unserer Möglichkeiten, für sie ein besseres Teil herauszufinden. Geht das nicht, sollten wir dafür sorgen, daß die Mängel im Atelier behoben werden. Es gibt aber auch unüberbrückbare Einwände im Bereich des Materials, die wir keineswegs mit irgendeiner Argumentation ausräumen können. Manche Kunden können vielleicht synthetische Materialien wegen einer Allergie nicht vertragen. Sie sind auch mit modisch begründeten Hinweisen nicht zu überzeugen. In solchen Fällen müssen wir versuchen, ein hautverträgliches Material (vermutlich ein Gewebe aus Naturfasern) zu finden. Ist das unmöglich, wird es wahrscheinlich nicht zu einem Kaufabschluß kommen.

## Die Vorwegnahme-Methode

Die Vorwegnahme-Methode ist ein geeignetes Mittel, schon in der Analyse sichtbare Einwände abzuschwächen.
*Beispiel:*
Eine Kundin möchte einen pflegeleichten Rock kaufen. Sie äußert ihre Wünsche hinsichtlich der Farbe und des Schnitts. Sie haben einen in der passenden Größe; dieser Rock hat aber den Nachteil, daß man ihn reinigen muß. Ansonsten würde er der Kundin in jeder Hinsicht gefallen. Schon in der Angebotsstufe der Verkaufshandlung können Sie dann den zu erwartenden Einwand „Ich kann den Rock aber nicht waschen" entkräften, indem Sie sagen:
„Es wird Sie sicher stören, daß der Rock nicht waschbar ist. Aber ansonsten hat er alle Vorzüge, die Sie von ihm erwarten. Er entspricht Ihren Farbvorstellungen, hat die richtige Größe, er ist vom Schnitt her ideal und bietet Ihnen eine vielfältige Kombinationsmöglichkeit zu Ihrer übrigen Garderobe."

Mit der Vorwegnahme-Methode unterstreichen Sie Ihre Position als fairen Berater. Sie geben von vornherein einen Nachteil zu und überlassen der Kundin in partnerschaftlicher Weise die Kaufentscheidung. Da das Angebot den übrigen Erwartungen der Kundin entgegenkommt (Form, Schnitt, Farbe), wird sich in der überwiegenden Zahl der Fälle die Kundin mit dem Nachteil, ihn nicht waschen zu können, leichter anfreunden. Im Zuge der Einwand-Entkräftung durch die Vorwegnahme-Methode empfiehlt es sich, beim Vorliegen einer derartigen Situation noch einmal den Nutzen sehr stark hervorzuheben, den die Kundin beim Kauf des Rocks hat. Auf Farbe, Form und Schnitt haben wir in dem eben genannten Beispiel schon hingewiesen. Ich meine darüber hinaus aber noch die Gelegenheiten, zu denen die Kundin diesen Rock tragen will. Wenn Sie zum Beispiel in der Analyse herausgefunden haben, daß die Kundin den Rock zu Anlässen wie dem Nachmittagskaffee im Freundeskreis tragen möchte, können Sie den Nachteil der Nichtwaschbarkeit des Rocks noch einmal dadurch abschwächen, indem Sie äußern: „Sie sagten, daß Sie den Rock überwiegend zum Kaffeekränzchen oder zum 5-Uhr-Tee tragen wollen. Selbst wenn Sie den Rock ein- bis zweimal in der Woche zu so einer Gelegenheit tragen, wird er ja nicht so strapaziert und beansprucht werden, daß Sie ihn häufig zur Reinigung bringen müßten."

Ein weiteres Beispiel für Einwände, die den modischen Bereich betreffen:
Eine Kundin möchte sich ein Kostüm zulegen, das modisch aktuell ist. Zumindest hat sie das in der Analyse geäußert. Bei der Anprobe lesen Sie dem Gesicht der Kundin eine gewisse Skepsis ab. Sie will zwar modisch gekleidet sein, kann sich aber dem neuen modischen Trend offenbar noch nicht vollends anschließen. Das mag sowohl die Modefarbe als auch den Schnitt betreffen. Wenn sich nun die Kundin vor dem Spiegel etwas zweifelnd und verunsichert in dem neuen Kostüm betrachtet, bietet sich auch hier die Vorwegnahme-Methode an.

„Sie fragen sich jetzt wohl, ob Sie sich mit der neuen Mode anfreunden können. Das ist nun mal so, daß ein neuer Trend immer eine Veränderung des Stils bedeutet. Denken Sie nur einmal an die Schuhe, – Ihnen ist es sicherlich genau wie mir ergangen, als die Schuhe wieder spitzer und höher wurden. Da habe ich auch gesagt: ‚In solche Schuhe kriegt man mich nie wieder rein!' Und jetzt trage ich sie auch. Gleiches gilt für Kleider, Kostüme und Röcke. Wir Frauen müssen uns erst einmal daran gewöhnen und sind dann nach ein paar Tagen doch sehr froh, den Schritt nach vorn gewagt zu haben."

Hier hat die Verkäuferin sich nicht nur als „Gedankenleserin" bewährt, sie hat sich vollkommen auf das typisch menschliche Problem eingestellt, gegenüber allem Neuen (auch wenn man Neues will) Vorbehalte zu haben. Mit dem plastischen Vergleich zu den Schuhen hat sie sich (bildhaft) selbst in die Situation der Kundin versetzt und auf die Gefühlslage der Kundin eingestellt. Diese bekommt so das Gefühl, daß die Verkäuferin Verständnis für ihre Zweifel und Sorgen hat. Diese gefühlsbetonte Argumentation hilft der Kundin vielfach über die anfänglichen Bedenken hinweg.

## Die Preise verkleinern

*(Die Methode, Preise niedriger erscheinen zu lassen)*

Diese Methode ist ein Mittel, dem Kunden den ihm offenbar zu hoch erscheinenden Preis zu verkleinern. Beispiel: Es kommt ein Kunde in die HAKA-Abteilung und möchte einen Mantel kaufen. Seine Preisvorstellung liegt bei etwa 300 Mark. Der Mantel, der seinen Wünschen am nächsten kommt, kostet aber 438 Mark. Der Kunde sagt: „Das ist sehr teuer. Das übersteigt meine Preisvorstellung."
Ein pfiffiger Verkäufer verhandelt nun nicht über den Preis von 438 Mark, sondern nur noch über die Differenz.
Die Einwandbehandlung könnte sich wie folgt abspielen: „Sie fragen sich also, Herr ..., ob es sich lohnt, für diesen Mantel, der Ihnen in allem zusagt, 138 Mark mehr auszugeben?" (Sie sehen wieder die hervorragende Wirkung der reflektierenden Frage.) Der Kunde nickt.
Der Verkäufer: „Sie sagten vorhin, daß Sie diesen Mantel täglich tragen wollen. Angenommen, Sie tragen diesen Mantel nur ein Jahr lang, dann

würde das bei Ihrer Preisvorstellung von 300 Mark einen Mehraufwand von 38 Pfennig täglich bedeuten. Sind Ihnen die gute Verarbeitung, die Strapazierfähigkeit des Materials und dadurch die längere Lebensdauer des Mantels 38 Pfennig pro Tag wert?“

*Vorsicht!*

Die Preis-Verkleinerungs-Methode kann bei einigen Kunden auf Widerstand stoßen. Sie fühlen sich möglicherweise auf den Arm genommen. In einer sehr aufgelockerten und persönlichen Gesprächsatmosphäre jedoch sorgt in vielen Fällen diese Methode für den ausschlaggebenden Kaufimpuls.

Über das Problem „zu teuer“ werden wir im Rahmen unserer Systematik noch gesondert eingehen.

## Die Begründungs-Methode

*(statt der veralteten Ja-aber-Technik)*

Die Ja-aber-Technik ist im Verkaufsgespräch ein „alter Hut“ und hat sich vielfach bereits totgelaufen.
Der Kunde sagt: „Der Bademantel ist mir zu bunt gemustert.“
Der Verkäufer versucht, den Einwand mit den Worten: „Ja, aber dafür ist der Mantel eben besonders preiswert!“ zu entkräften.
Er begibt sich damit in die psychologische Situation des Gegenangehens. Wir sollten aber in jedem Falle den Gegendruck gegenüber dem Kunden vermeiden.
Vielfach erwartet ein Gesprächspartner vom Verkäufer schon dieses „aber ...“, wenn der Verkäufer das „Ja“ ausgesprochen hat.
Sie erzeugen jedoch mit der Ja-aber-Methode eher eine Kampfstimmung als ein Einlenken des Kunden. Ersetzen Sie bitte in Zukunft die Formulierung „Ja-aber ...“ durch „genau das ist der Grund“ oder „das ist der Grund, ...“.

Zurück zu dem Beispiel „Der Bademantel ist zu bunt gemustert."
Die Entgegnung würde also lauten: „Genau das ist der Grund, warum der Bademantel so preiswert ist."
Mit der Ja-aber-Methode würde der Verkäufer zunächst einmal den Kundeneinwand als berechtigt anerkennen, indem er „ja" sagt; durch das „aber" entzieht er dem Kunden im gleichen Atemzug das mit dem „ja" als berechtigt anerkannte Argument.

Aus psychologischer Sicht muß dies der Kunde als Angriff empfinden; wenn Sie aber mit der Formulierung „genau das ist der Grund ..." argumentieren, gehen Sie nicht gegen die Kundenmeinung an, sondern erklären den Preisvorteil des Produkts. Das ist positiver und bewirkt einen harmonischeren Verlauf des Gesprächs.
Einen ähnlichen Abbau des psychologischen Gegendrucks erreichen Sie mit der „Ja-und-Methode", mit der Sie ebenfalls das lästige Wort „aber" vermeiden. Kommt der Kundeneinwand, „der Lodenmantel ist aber ungewöhnlich teuer", würde der Verkäufer möglicherweise entgegnen: „Ja, aber er wird nur in einer ganz begrenzten Stückzahl hergestellt!"
Klingt das Gegenargument nicht viel schöner, wenn da das „aber" durch ein „und" ersetzt wird? – „Ja! – und er wird *nur* in einer ganz begrenzten Stückzahl hergestellt." Im ersten Fall wird das „Ja" mit dem „aber" *verteidigt!* Im zweiten Fall *unterstreicht* das „und" die Exklusivität des Lodenmantels und macht aus dem ursprünglich defensiven „Ja" psychologisch ein positives Bekenntnis.

## Die Referenz-Methode

Die Referenz-Methode bedient sich des guten Rufes oder der Bekanntheit renommierter Persönlichkeiten. Beispielsweise kommt es vor, daß eine Kundin sich mit einem neuen Modefarbton noch nicht anfreunden kann.
Sie haben aber einige Tage zuvor im Fernsehen oder in einer Zeitschrift eine bekannte Schauspielerin mit einem Kleid in gleicher Farbstellung gesehen.

Jetzt können Sie mit gutem Gewissen fragen: „Was halten Sie von dem Bekleidungsstil der Anna X?" Sagt die Kundin „Oh ja, die kleidet sich sehr geschmackvoll!", können Sie ihr entgegnen: „Bei ihrem gestrigen Fernsehinterview in der Abendschau trug sie ein Kleid gleichen Farbtons."
Es empfiehlt sich immer, vorher durch eine Frage herauszufinden, ob die bekannte Persönlichkeit von der Kundin auch als Leitbild akzeptiert wird.
Wenn Sie von vornherein sagen: „Die X trägt übrigens auch dieses bezaubernde Violett", könnte die Antwort lauten: „Die hat dann neben fehlendem Talent auch keinen Geschmack."
Noch gefährlicher kann die Situation bei Vorbildern aus der Politik werden.
Wenn ein Verkäufer in der HAKA-Abteilung oder beim Herrenausstatter den Kundeneinwand „diese Krawatte gefällt mir nicht" mit dem Hinweis „diese Krawatte trägt selbst der Bundeskanzler" entkräften möchte, läuft er Gefahr, bei politisch Andersdenkenden voll ins Fettnäpfchen zu treten. Es ist daher bei der Anwendung der „Referenzmethode" stets besondere Vorsicht geboten. Bei richtiger Anwendung leistet sie hingegen gute Dienste.

## Die Zeugen-Methode

Die Zeugenmethode ähnelt der Referenzmethode, ist aber kaum auf Mode- oder Geschmackseinwände anwendbar.

Die Referenzmethode bezieht sich – wie eben beschrieben – auf einzelne Vorbilder. Die Zeugenmethode bedient sich hingegen der Masse namentlich ungenannter Verbraucher oder Hersteller. Wenn Sie einer Kundin, die ein außergewöhnliches Kostüm kaufen möchte, ein bestimmtes Modell mit dem Hinweis anbieten: „Von diesem Kostüm haben wir in der letzten Woche 150 Stück verkauft, es muß also gut sein!" werden Sie die Dame möglicherweise das letzte Mal in Ihrem Geschäft gesehen haben.

Bei welchen Gelegenheiten läßt sich nun die Zeugenmethode sinnv
anwenden?
Mit Sicherheit können Sie die Zeugenmethode bei Qualitätseinwänden einsetzen.

Wenn ein Kunde zweifelnd fragt: „Taugt das Handtuch auch etwas?" können Sie – sofern es der Wahrheit entspricht – guten Herzens kontern: „Von diesem Markenhandtuch wurden in den letzten 5 Jahren weltweit mindestens 10 Millionen Stück verkauft, und wir hatten bislang nur zufriedene Kunden!"

Fragt ein Kunde: „Ist dieses Mischgewebe wirklich pflegeleicht?", könnte Ihre Antwort unter Umständen lauten: „Sieben bekannte Markenhersteller verarbeiten dieses Material zu Spitzenprodukten!"

## Die Bumerang-Methode

Mit der Bumerang-Methode lassen Sie den Kunden negative Folgen befürchten, wenn er auf seinem Einwand beharrt.

Lassen Sie mich dies an dem Beispiel eines Zusatzgeschäfts demonstrieren.

Eine Kundin kauft sich ein langes Abendkleid. Sie benötigt dazu die entsprechenden Schuhe und findet diese auch in Ihrer Schuhabteilung. Beim Anprobieren entfährt ihr der Einwand: „Die Schuhe haben aber ziemlich hohe Absätze!"

Eine geschickte DOB- oder Schuhverkäuferin würde entgegnen: „Bei niedrigeren Absätzen müssen wir möglicherweise die Länge des Kleides kürzen, damit Sie nicht stolpern und sich verletzen!"

Den Einwand der Kundin nutzen Sie auf diese Weise zugunsten der höheren Schuhabsätze. Denn welche Kundin fällt gern bei einem festlichen Anlaß, nur weil sie auf den Saum ihres Abendkleides tritt! Zudem will sie natürlich die Kosten und den Zeitaufwand für die Änderung sparen.

Sie sehen an diesem Beispiel, wie Sie vermeintliche Nachteile aus der Kundensicht mittels der Bumerang-Methode in Produktvorteile umwandeln können. Es gibt in der Verkaufspsychologie natürlich noch mehr Methoden der Einwandentkräftung, die sich aber nicht so gut für die Situation im Einzelhandel eignen. Deshalb wollen wir an dieser Stelle die Techniken der Einwandbehandlung abschließen und uns dem häufig vorkommenden Einwand „Das ist zu teuer!" zuwenden.
Für eine Verkaufskraft im Modehandel ist es wichtig zu wissen, was sich aus psychologischer Sicht hinter den Worten „Das ist zu teuer" verbirgt.

## *Zwischenbilanz (7)*

1. Einwände sind Kaufwiderstände, die sich meistens entweder gegen die Qualität, das modische Gesamtbild oder den Preis richten.
2. Nutzen Sie die Möglichkeit einer fairen Gegenüberstellung von Produktvorteilen und Produktnachteilen (Plus-Minus-Methode).
3. Entkräften Sie Einwände, indem Sie diese im Gespräch vorwegnehmen, bevor der Kunde sie äußern kann.
4. Verhandeln Sie bei einem Preiseinwand nie über den gesamten Preis, sondern nur über die Differenz zu dem, was der Kunde bereit war auszugeben.
5. Formulierungen wie „Genau das ist der Grund" oder „Ja, und ..." sind besser als die veraltete „Ja-aber"-Methode.
7. Verwenden Sie als „Eideshelfer" in der Argumentation die Referenz- oder Zeugenmethode.
8. Lassen Sie den Einwand eines Kunden ruhig einmal zum Bumerang werden, mit dem er sich selbst weh tut, wenn er auf seinem Einwand beharrt.
9. Vergessen Sie nie, daß sich hinter der Floskel „Das ist zu teuer" mehr versteckt als Geldmangel, und finden Sie die wahren Gründe heraus.

## *Exkurs: Der Preiseinwand*

Einer der häufigsten Einwände ist der Preiseinwand. So manche Verkaufskraft reagiert schon fast automatisch auf den Einwand „das ist zu teuer“ mit dem Griff zur billigeren Ware. Sicherlich ist es so, daß manchen Kunden wirklich das Geld fehlt. Ist dies aber tatsächlich immer der Fall, wenn ein Kunde äußert, der Preis sei ihm zu hoch?

Was kann sich alles hinter dem Satz „Das ist zu teuer“ verbergen? Versuchen wir einmal gemeinsam, die Hintergründe zu erhellen! Es sind im wesentlichen die folgenden Motive, die ihn zum Preiseinwand veranlassen:

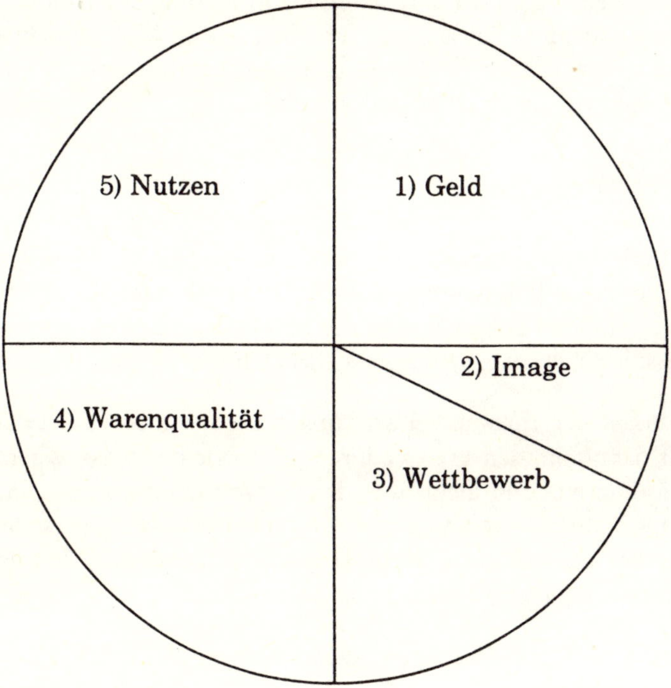

Wir haben die fünf Hauptmotive des Kunden numeriert und behandeln sie in der Reihenfolge

1. Geld
2. Image
3. Wettbewerb
4. Warenqualität
5. Nutzen.

Eine gute Verkaufskraft hebt sich wohltuend von der weniger qualifizierten dadurch ab, daß sie mittelns der Fragetechnik herausfindet, welcher der fünf aufgeführten Beweggründe den Ausschlag für den Preiseinwand gegeben hat.

Die Frage müßte eigentlich immer lauten:
„Im Verhältnis wozu ist die Ware zu teuer?"
Da diese Frage wegen der abstrakten Formulierung den Kunden verwirren könnte (denn er hat ja unser Schema der fünf Motive nicht vor Augen), kleiden wir ihren Sinngehalt in ansprechendere Fragen. Einige Beispiele zeigen wir am Ende dieses Kapitels.

## *Motiv Geld*

Der Kunde hat nur einen bestimmten Betrag zur Verfügung, um sich Modisches zu leisten. Kostet ein Anzug beispielsweise 500 DM, und der Kunde kann beim besten Willen nur 420 DM entbehren, erscheint ihm das Preisniveau des Anzuges um 80 DM zu hoch.

Im Rahmen der Einwandentkräftung hatten wir bereits erwähnt: Es kommt darauf an, den Preis dadurch zu verkleinern, daß wir nur über die Preisdifferenz und nicht über den Gesamtbetrag verhandeln. In diesem Falle würden wir also nicht die reflektierende Frage stellen: „Sie wollen also nicht so viel (500 DM) anlegen?" sondern: „Sie fragen sich also, ob es sich lohnt, 80 Mark mehr auszugeben?"

Nun wird der Kunde reagieren. Wenn er sagt: „Nein, ich habe im Augenblick nicht genug Geld mit!", können Sie ihm im Rahmen Ihrer

Möglichkeiten Problemlösungen anbieten, etwa den Anzug gegen Leistung einer Anzahlung zurückhängen, die Möglichkeit der Finanzierung durch das Kreditbüro Ihres Hauses prüfen etc.

Gegen ein endgültiges „Nein" des Kunden sind Sie in jedem Falle machtlos. Versuchen Sie auch nicht mit unseriösen Überredungskünsten, dem Kunden in einem solchen Fall die Ware zu verkaufen, sondern unterbreiten Sie ihm dann ein Angebot, das seinen Preisvorstellungen entspricht.

## *Motiv Image*

Vielleicht geht es Ihnen auch so: Sie – in der Rolle des Konsumenten – kaufen nicht nur Produkte, weil sie einen bestimmten Zweck erfüllen. Sie kaufen unter Umständen bei der Wahl zwischen zwei ähnlichen Artikeln den, der den anspruchsvolleren Markennamen hat.

Eine Marke ist das Symbol für einen bestimmten Qualitätsstandard oder Lebensstil, Ausdruck einer besonderen Denkweise oder einer bestimmten Alters-/Gesellschaftsschicht. Die Industrie bewirbt ihre Artikel gezielt unter diesen Gesichtspunkten. Sie nährt beim Verbraucher die Illusion, daß das beworbene Produkt die Attribute besitzt, mit denen sich der Käufer identifizieren möchte.

Ein Beispiel:
Will eine Kosmetikfirma mit einer neuen Parfüm-Serie speziell die junge, gutsituierte, emanzipierte Dame ansprechen, wird sich das in der Werbekampagne niederschlagen. In den Fernsehspots, Zeitungsanzeigen und Fachgeschäften werden „Vorbilder" gezeigt, an denen sich die junge Dame orientiert. Da sie das Bedürfnis hat, diesem Vorbild nachzueifern, wird sie das Parfüm vermutlich eher kaufen als ein „Duftwasser", dem man nachsagt, daß es ältere Damen benutzen. Die Zuordnung des Produkts zur Zielgruppe bewirkt eine Orientierung der Zielgruppe am Produkt. Mit anderen Worten: Sie können einer Kundin mit vielen schönen Worten die Vorteile einer wirklich gutaussehenden Lederhandtasche erklären, die zudem noch sehr wenig Geld kostet. Trotzdem wird ihr

möglicherweise der Preiseinwand „zu teuer“ entschlüpfen, obwohl sie sich drei Exemplare der angebotenen Handtaschen auf einmal mit Leichtigkeit leisten könnte.

„Zu teuer“ bedeutet hier: nicht mit der hohen Image-Erwartung behaftet und deshalb das Geld nicht wert.

### *Motiv Wettbewerb*

Kommt ein Kunde zu Ihnen und sagt: „Woanders ist der gleiche Mantel um 20 DM billiger“, lassen Sie sich nicht ins Bockshorn jagen!

Der Preis Ihres Hauses ist in jedem Falle gerechtfertigt, und Sie müssen stets ganz dahinter stehen.
Natürlich unterscheiden sich Unternehmen auch im Preisgefüge. Aber ein unterschiedlich breites Sortiment und ein unterschiedlich großer Service erfordern auch eine unterschiedliche Kalkulation. Leider gibt es oft Kunden, die mit dem Preisvergleich bluffen. Manche Kunden sind zudem gar nicht in der Lage, objektive Qualitätsvergleiche anzustellen. Hier gibt uns die Fragetechnik die Möglichkeit, dem Kundeneinwand zu begegnen.

Fragen Sie in solchen Situationen den Kunden ganz gelassen: „Sind Sie sicher, daß es sich bei dem anderen Mantel um die gleiche Qualität handelt?“ Oder: „Haben Sie auch darauf geachtet, daß bei dem anderen Mantel die Nähte richtig vernäht wurden? In unserem Hause kommt nämlich nur hohe Qualität durch die Eingangskontrolle.“ Oder: „Sind Sie wirklich sicher, daß es sich nicht statt des bei uns geführten einwandfreien Ia-Modells um Ib-Ware handelt?“
In den meisten Fällen wird der Kunde verunsichert sein, ob es sich tatsächlich um einen vergleichbaren Mantel handelt. Ist er jedoch der festen Überzeugung, daß beide Kleidungsstücke qualitativ identisch sind, haben Sie die Möglichkeit, kulanterweise dem Kunden den Preisnachlaß nach vorheriger Prüfung zu gewähren. Die Gefahr besteht allerdings, daß Ihr Betrieb sich so den Ruf einhandelt, ein Haus zu sein, mit dem man feilschen kann. Dieser Weg empfiehlt sich deshalb nur bei Stamm-

kunden, die den Service und die Beratung Ihrer Firma zu schätzen wissen. Vergessen Sie dabei nie, auf die besondere Leistung Ihres Hauses hinzuweisen, die den höheren Preis in jedem Falle gerechtfertigt hätte.

### *Motiv Warenqualität*

Wenn ein Kunde „zu teuer" sagt, kann sich hinter dieser Aussage auch die Kritik an der Qualität verbergen. Eine schlecht vernähte Naht oder ein zu dünner Stoff kann den Kunden dazu veranlassen, „nein" zur Ware zu sagen. Der Eindruck, die Ware mache für den Preis nichts her, mag zwar aus unserer Sicht nicht richtig sein. Dies ändert aber nichts an der Tatsache, daß die Bluse für 120 Mark dem Kunden allenfalls 65 Mark entlocken würde, weil nach seiner Meinung an ihr außer dem Markenzeichen des hochpreisigen Produzenten „nichts dran ist".

Wenn wir dies durch die entsprechende Fragestellung herausgefunden haben, wissen wir, daß in diesem Fall für den Kunden nicht sein beschränkter finanzieller Spielraum, sondern ein anderer Grund ausschlaggebend ist. Es obliegt dann unserem Geschick, die entsprechende Ware aufgrund einer ergänzenden Analyse anzubieten.

### *Motiv Nutzen*

Stellen Sie sich bitte folgende Situation vor: Eine Kundin kommt in ihre Abteilung und möchte ein festliches Kleid anläßlich einer bevorstehenden Taufe erwerben. Sie zeigen ihr einige Kleider, nachdem Sie die gewünschte Stilrichtung und die Farbe in Erfahrung gebracht haben. Schließlich finden Sie ein Kleid für die Kundin, das mehr als 1 500 Mark kostet und eigentlich genau das ist, was sie sich vorgestellt hat. Obwohl die Kundin gut betucht ist, sagt sie möglicherweise: „Das ist zu teuer!", weil sie für den speziellen Zweck (Taufe) den Nutzen des Kleides in keinem vernünftigen Verhältnis zum Preis ansieht.

# 7. Der (Teil-)Abschluß

Sind Einwände ausgeräumt oder hat es günstigenfalls gar keine gegeben, so benötigen wir jetzt gewissermaßen das freundliche, zustimmende Nicken des Kunden. Meistens sagt der Kunde von sich aus, ob ihm der Anzug, das Kostüm oder die Hose gefällt.

Der (Teil-)Abschluß ist aber dennoch auch ein für die Verkäuferaktivitäten sehr wichtiger Teil des Verkaufsvorgangs. Hier können Sie dafür sorgen,

1. daß der Kunde sein positives Gefühl zur Ware verstärkt und
2. über die Zustimmung zum Angebot hinaus sich noch für weitere Dinge interessiert und unter Umständen noch mehr kauft. Dieses „Appetit-Anregen" soll aber in jedem Fall ohne Druck seitens der Verkaufskraft geschehen. Der Kunde in unserem Hause soll sich als Gast und Partner fühlen. Deshalb noch einmal der Appell:
   Nicht überreden, sondern Entscheidungshilfen geben!

Von der Fragetechnik wissen wir, daß richtig gestellte Fragen beim Kunden nicht das Gefühl der Bedrängnis bewirken. Fragen führen den Kunden vielmehr dazu, sich mit dem Inhalt der Frage zu beschäftigen. Er hat dann immer noch die absolute Freiheit zu entscheiden, wie er auf die Frage zu reagieren gedenkt.

Natürlich wissen wir aufgrund der Eisbergtheorie, daß der Kunde nur zu einem geringen Teil verstandesgemäß handelt. Die meisten Kunden orientieren sich zwar an ihren finanziellen Möglichkeiten, sind aber vielfach bereit, das eigene Modebild zu komplettieren. Ihr Wunsch ist es in der überwiegenden Zahl der Fälle, bestimmte Bedürfnisse (beispielsweise Anerkennung und Zuneigung zu erringen) zu befriedigen. In geringerem Maße kommt es ihnen auf die Deckung eines tatsächlichen Ersatzbedarfs an. Also ist es für eine gute Verkaufskraft wichtig herauszufinden, wie sie dem Kunden bei der Befriedigung seiner Bedürfnisse am besten behilflich sein kann. Denn wenn wir dem Kunden helfen können, durch geschmackvolle Kleidung diese Bedürfnisse zu befriedigen, haben wir nicht nur zur Erhöhung des Umsatzes beigetragen, sondern auch dem Kunden zu einem Stück Lebensglück verholfen. Dies sollten wir letztlich in der Hauptsache tun; denn es gilt ein Jahrtausende altes psychologisches Gesetz, das besagt:

Wenn Sie Ihrem Kundenkreis mit voller Überzeugung eine faire Beratung bieten, wird sich das in weit höherem Maße positiv – auch auf das Geschäftsergebnis – auswirken.

Deshalb sollten Sie in der Lage sein, sich auch über geringe Kaufabschlüsse zu freuen. Wenn ein Kunde in der Abschlußphase zu verstehen gibt, daß er zusätzlich kein weiteres Teil mehr kaufen möchte, lassen Sie ihn ohne großes Überredungstheater gehen. Ein Kunde, der spürt, daß Sie mit Ihren Verkaufsaktivitäten nicht locker lassen, wird Sie nicht mehr als qualifizierten Berater akzeptieren, sondern als einen „Drükker", der allein des Umsatzes wegen keine Gelegenheit ungenutzt läßt.

Merken Sie, daß der Kunde kein Interesse mehr an der Präsentation weiterer Produkte hat, beenden Sie das Verkaufsgespräch freundlich und – wie eingangs gesagt – mit einer „Verstärkung" der Kaufentscheidung!

Erwähnen Sie ruhig – nachdem der Kauf getätigt ist –, daß Ihnen beispielsweise das Kleid sehr gefällt. (Diese Aussage sollte nicht zur Routine werden, sondern wirklich stimmen!) Der Kunde wird Ihnen nach einem Kaufabschluß diese Aussage eher abnehmen als in der Angebotsstufe, wo es noch um das Geld ging. Der Kunde registriert solche Dinge in seinem Unterbewußtsein und wird auf Ihre Beratung beim nächsten Kauf gern zurückgreifen.

Die Glaubwürdigkeit Ihres Kompliments und Ihrer aufrichtigen Freude darüber, daß der Kunde nach stundenlangem Suchen endlich das gefunden hat, was er wirklich „braucht", kann sehr stark erschüttert werden durch das Verhalten Ihrer Kolleginnen an der Kasse und am Packtisch.

Wenn ein mürrischer „Drachen“ mit versteinertem Gesicht an der Kasse sitzt und das sauer vom Haushaltsgeld abgezweigte Geld mit einer Miene einstreicht, als würde er schon seit Wochen Anspruch auf das Geld haben, bekommen Ihre aufrichtigen und sympathischen Bemühungen um die Kundschaft einen Sprung (vergleichbar einem edlen Weinglas, das zu hart angefaßt wird).

Für den Fall, daß die Mimik der Kassiererin dem Kunden suggeriert, er würde nun endlich sein „Darlehen“ zurückbezahlen, müssen (!) Sie versuchen, diesen sich dem Kunden aufdrängenden Eindruck zu korrigieren! Sprechen Sie mit Ihrer Kollegin an der Kasse und verdeutlichen Sie ihr ihre Bedeutung für das gesamte Verkaufsgeschehen. Ich glaube, daß sie beim Erkennen ihrer psychologischen Bedeutung für den Verkaufsvorgang freundlicher sein wird. Gleiches gilt für die Mitarbeiterin am Packtisch.

Wenn die Kundin beobachtet, wie ihr Kleid mit desinteressierter Miene zusammengeknüllt in die Tüte gepackt wird, schwindet möglicherweise ihre Freude an dem schönen Kleid. Bemerkt sie aber, wie am Packtisch mit liebevoller Sorgfalt ihr gerade erworbenes Kleidungsstück zartfühlend zusammengelegt wird und elegant in die Tüte gleitet, verstärkt sich ihr positiver Eindruck von dem Haus. Gerade die kleinen Details am Rande des eigentlichen Verkaufsvorgangs entscheiden darüber, ob ein Kunde gern wiederkommen wird oder nicht.

Haben Sie schon einmal in diesem Zusammenhang erwogen, Ihre Kunden bis zur Tür, zum Fahrstuhl oder zur Rolltreppe zu geleiten? Ist es nicht gerade auch solch eine Geste, die mit dazu beiträgt, daß kleinere Modehäuser (in denen dies üblich ist) sich einen soliden Stammkundenkreis aufbauen?

Natürlich wäre dies aus organisatorischen Gründen in riesigen Konzernfilialen bei großem Kundenandrang undenkbar. Wie würden Sie aber in der Rolle des Kunden reagieren, wenn Ihnen das in einem solchen Haus zu einer Zeit mit geringer Frequenz widerfahren würde?

Dieser Ausdruck der Höflichkeit wird von den meisten Menschen als persönliche Wertschätzung empfunden. Peinlich und unangenehm kann eine solche Höflichkeitsgeste nur wirken, wenn Überschwenglichkeit oder „Ergebenheit“ gegenüber dem Kunden gespielt ist. Weder schwulstige Danksagungen noch heruntergeleierte Förmlichkeiten sind am Platz. Der Kunde ist unser Partner, liebgewordener Gast! Deshalb gilt auch hier der Grundsatz: Natürlichkeit ist Trumpf!

Andernfalls würden Sie sowohl den Kunden und die Ware als auch sich selbst abwerten.

## 8. Das Zusatzgeschäft

Beim Zusatzgeschäft beginnt die Treppe des Verkaufsvorgangs mit der Analyse-Stufe. Sie wenden hier die Fragetechnik genauso an wie beim Grundgeschäft, behandeln in gleicher Weise die Einwände und versuchen, den Kunden mit einem positiven Gefühl gegenüber dem Haus und der Ware zu entlassen. Zusatzgeschäfte sind im HAKA-Bereich etwa Hemden und Krawatten zum Anzug, eventuell auch Schuhe und Strümpfe; in der DOB beispielsweise Modeschmuck, Schals etc. In den seltensten Fällen übersteigt das Zusatzgeschäft den Wert des Grundgeschäfts.

Die Eröffnungsfragen für das Zusatzgeschäft können lauten:
„Was halten Sie davon, wenn ich Ihnen einmal zum Kleid die passende Tasche zeige?“
oder:
„Wie gefällt Ihnen dieses Hemd zum Anzug?“

Das Zusatzgeschäft wird nicht unbedingt erst am Ende des Grundgeschäfts eingeleitet, sondern häufig bereits beim Anbieten der Hauptware.

Um Ihnen zu verdeutlichen, wie sich Zusatzgeschäfte ergeben können, haben wir ein paar Verkaufsgespräche – einem Filmdrehbuch vergleichbar – aufgeschrieben. In einigen dieser Fallbeispiele kommen keine Zusatzgeschäfte vor, weil aus der Analyse des Kundenbedarfs ersichtlich wurde, daß ein Zusatzverkauf unmöglich ist. Andere Beispiele zeigen auf, wie falsches Verkäuferverhalten überhaupt nicht zum Kaufabschluß führt – geschweige denn ein Zusatzgeschäft zuläßt.

Die nun folgenden Beispiele sind so gewählt, daß Sie in Form eines „Kontrastprogramms" noch besser erkennen können, welche Möglichkeiten insbesondere die Fragetechnik im Verkaufsgespräch bietet. Dabei empfiehlt es sich, vor allem auf das Anbahnen von Zusatzgeschäften zu achten. Gerade im Bereich der Zusatzgeschäfte wird heutzutage von den Verkäufern oft noch zuwenig getan. Dies liegt mitunter auch an der starren Abgrenzung der Abteilungen. Ein „Durchbedienen" wird bisweilen aus Gründen der „Prämienjägerei" oder angeblichen organisatorischen Hindernissen erschwert. Wäre es nicht mal eine Überlegung wert, in Ihrem Hause – sofern es noch keine kundenfreundliche Regelung gibt – die Frage nach der kompletten Kundenbetreuung aufzuwerfen?

Allzu häufig liegen aber die Schwierigkeiten des Zusatzgeschäfts in der Persönlichkeit der jeweiligen Verkaufskraft begründet.
Viele Verkäufer kümmern sich nur um die eigene Ware. Sie sind oft nicht einmal darüber informiert, wie die Schaufenster dekoriert sind.

Insofern sollten Sie sich einmal selbst überprüfen und gegebenenfalls auch Ihren Kollegen den Rat geben, sich über das gesamte Warenangebot einen ausreichenden Überblick zu verschaffen.

Bedenken Sie bei der Lektüre der folgenden Fallbeispiele, daß kein Verkaufsgespräch perfekt ist. Sicherlich hätte man in den schriftlich simulierten Fällen hier oder da anders handeln können. Wichtig ist auch, daß Sie Ihre ganz persönliche Art des Verkaufens und Ihr Temperament beibehalten. Dennoch glaube ich, daß Sie mit den Fallbeispielen einen kleinen Leitfaden erhalten, der Ihnen beim Einsatz Ihrer Argumente behilflich ist.

# *Fallbeispiele*

## Vorbemerkung

Für Sie als Verkäufer gewinnen die Augenbewegungen Ihrer Kunden als Teil der Körpersprache zunehmend an Bedeutung. Dies haben wir deshalb in den folgenden Fallbeispielen berücksichtigt.

Allerdings: Nicht immer können Sie im Verkaufsgespräch die Augen Ihrer Kunden deutlich genug wahrnehmen. Dies mag zum Beispiel daran liegen, daß sie ihre Blicke weniger Ihnen als der Ware zuwenden.

Sicher, es ist nicht so einfach, die richtigen Worte zu finden, die den Sinneskanälen Ihrer Kunden entsprechen. Gehen Sie deshalb locker und trotzdem konsequent an die Schulung Ihrer Beobachtungsgabe heran. Beobachten Sie z.B. erst mal eine Woche lang im privaten Kreis die Augenbewegungen Ihrer Gesprächspartner, bevor Sie beginnen, die Augenbewegungen Ihrer Kunden zu interpretieren.

Im übrigen lassen sich Verkaufserfolge auch ohne genauere Kenntnis von den Augenbewegungen und ihrer Bedeutung erzielen. Jedoch: Es ist spannend, sich die unbewußten Reaktionen Ihrer Gesprächspartner bewußt zu machen und mit entsprechenden Worten auf sie einzugehen. Denn nur wenn Ihr Kunde spürt, daß er als Mensch geachtet und geschätzt wird, baut er das weit verbreitete Vorurteil ab, Verkaufskräfte sähen in erster Linie den Umsatz und erst in zweiter Linie den Nutzen für den Kunden.

# Fallbeispiel 1

Eine Frau betritt sehr selbstbewußt die DOB-Abteilung und steuert schnurstracks auf die Röcke zu. Sie nimmt einen Rock vom Ständer und begutachtet ihn. Die Verkäuferin begibt sich in die Nähe der Kundin und sieht, wie sich beim Befühlen des Materials deren Augen in die ‚Gefühls- und Geschmacksstellung' begeben.

Deshalb wendet sie sich an die Kundin gleich mit Worten, die den Gefühls-, Geruchs- und Geschmacksbereich ansprechen:

„Wie fühlt sich für Sie der Stoff an?"

Kundin: „Gut".

(Die Augen der Kundin gehen plötzlich in die Position bildlicher Vorstellung.)

Die Verkäuferin: „Ich kann mir vorstellen, daß sie sich Gedanken machen, wozu Sie ihn tragen wollen.“

Gut! Die Verkäuferin benutzt die Wörter „vorstellen“ und „tragen wollen“. Auch wenn die Kundin inhaltlich mit dem „Anlaß“ für einen möglichen Kauf antwortet, spricht sie den richtigen „Kanal“ des Unbewußten an.

Kundin: Ich denke gerade darüber nach, ob ich ihn zum Geburtstag meiner Schwägerin anziehen sollte...“

Verkäuferin: „Aha, nun wissen Sie aber am besten, wie der festliche Rahmen bei der Geburtstagsfeier Ihrer Schwägerin aussieht...“

Gut! Die Verkäuferin verstärkt den „bildhaften Zugangskanal“ durch die Worte ...wie der festliche Rahmen bei der Geburtstagsfeier... *aussieht.*

(Kundin schweigt, faßt sich ans Kinn, und ihre Augen bewegen sich in die Richtung ‚bildliche Erinnerung‘.)

Verkäuferin: „...vielleicht erinnern Sie sich einmal daran, wie es beim letzten Geburtstag war...“

Gut! Die Verkäuferin verstärkt die bildliche Erinnerung der Kundin!

(Die Kundin verharrt in der Augenstellung ‚bildliche Erinnerung‘ und faßt sich an die Stirn.)

Die Verkäuferin sieht die nachdenkliche Haltung der Kundin und wartet einige Sekunden ab, bis sich das nachdenkliche Gesicht der Kundin etwas entspannt. Dann sagt sie: „Ich glaube, Sie wissen jetzt, ob Sie sich auf der Geburtstagsfeier Ihrer Schwägerin mit diesem Rock zeigen können oder nicht.

Gut! Die Verkäuferin läßt offen, ob der Rock der Kundin gefällt und verstärkt die bildliche Vorstellungskraft der Kundin. Aus dem entspannten Gesicht zieht sie die Schlußfolgerung, daß die Kundin den Prozeß bildlicher Vorstellung und Erinnerung abgeschlossen hat. Damit formuliert sie wie eine perfekte Gedankenleserin die Wahrheit und gerät mit der Kundin in Übereinstimmung.

Kundin (lächelt): „Ja, ich glaube, er kommt in Frage. Ich weiß nur noch nicht, welche Bluse ich dazu tragen kann!"

(Dabei bewegen sich ihre Augen vom bildlich erinnernden Bereich mehrfach zum bildlich konstruierenden Bereich und zurück.)

Verkäuferin: „Ich glaube, Sie überlegen gerade, wie Sie mit dem Rock und der Bluse aussehen wollen und ob Sie diese Bluse bereits zu Hause haben."

Die Verkäuferin verstärkt bei der Kundin den Eindruck des „Gedankenlesen-Könnens", indem sie Rückschlüsse aus dem Wechsel der Augenbewegungen vom bildlich erinnernden Bereich hin zum bildlich konstruierenden Bereich und zurück zieht und das Ergebnis ihrer Analyse ausspricht.

Kundin lacht: „Können Sie Gedanken lesen? Genau das habe ich gedacht!"

Verkäuferin: „Das heißt, für den Rock haben Sie sich bereits entschieden. Wir müssen jetzt nur noch gemeinsam einmal schauen, ob Sie mit einer Ihrer bisherigen Blusen auskommen oder wir bei uns eine finden, die Ihrer Vorstellung am ehesten entspricht."

Gut! Mit der anschließenden Rückformulierung und der Zusammenfassung dessen, was die Kundin will, schafft sie erneut Übereinstimmung.

Kundin: „Richtig. Was können Sie mir denn zeigen?"

Verkäuferin: „Wir sind in Blusen sehr gut sortiert und haben auch die ganz aktuellen Farben und Formen da. Wenn Sie mir genau sagen, was Sie sich vorgestellt haben, kann ich Ihnen in frage kommende Blusen zeigen. Oder wollen Sie sich selbst in aller Ruhe umschauen?" (Verkäuferin zeigt auf die Blusenständer.)

Kundin: „Gern!" Sie begibt sich zu den Blusen.

Verkäuferin: „Suchen Sie sich ruhig drei oder vier Blusen aus, die Sie anprobieren möchten. Ich sorge dann für eine freie Umkleidekabine!"

Gut! Die Verkäuferin aktiviert die Kundin! Je mehr ein Kunde Eigenaktivitäten zeigt, desto stärker identifiziert er sich mit der Ware. Dadurch wächst schneller der Wunsch, die Ware auch zu erwerben und zu benutzen.

Kundin: „Danke.“

Verkäuferin entfernt sich vorübergehend, behält aber die Kundin im Auge. Nachdem die Kundin tatsächlich drei Blusen in die engere Wahl gezogen hat, nähert sich die Verkäuferin behutsam. Zwei Blusen hat die Kundin quer über die Stange des Warenständers gehängt. Die dritte hält sie gegen das Licht und betrachtet sie kritisch. Dabei ist deutlich sichtbar, wie sie das Material befühlt.

(Ihre Augenstellung befindet sich im Bereich ‚Gefühl, Geschmack, Geruch‘.)

Die Verkäuferin fragt: „Wie fühlt sich der Stoff an?“

Gut! Die Verkäuferin geht auf das Auswählen der Kundin mit einer offenen Frage ein und berücksichtigt dabei die momentane Augenstellung der Kundin.

Kundin: „Gut. Naturfaser oder Synthetic?“

Verkäuferin: „Es handelt sich um ein Mischgewebe, das sowohl hautfreundlich als auch pflegeleicht ist.“

Kundin: „Wissen Sie, bei reinen Synthetics transpiriere ich immer so, und das ist zum Beispiel auf einer Party sehr unangenehm, wenn schon nach dem ersten Tanz Schwitzflecken unter den Achseln sichtbar werden."

Verkäuferin: „Deshalb führen wir auch vorzugsweise Mischgewebe, die atmungsaktiv sind und durch den Kunstfaseranteil für eine gewisse Formbeständigkeit sorgen. Wir haben einige modebewußte Kundinnen, denen es ähnlich geht wie Ihnen. Sie bevorzugen gerade Blusen dieses Fabrikanten und sind damit ausgesprochen zufrieden."

Gut! Die Verkäuferin greift den Unmut der Kundin mit der Begründungsmethode (Deshalb...) nahtlos auf und verknüpft die Vorteilsargumentation mit dem Hinweis auf andere modebewußte Kundinnen (Zeugenmethode).

Kundin: „Ich probiere auch noch die beiden anderen Blusen, aber dieser Crèmeton und der Schnitt gefallen mir gut."

Verkäuferin: „Gern, die zweite Umkleidekabine ist frei."

Kundin: „Danke."

Während die Kundin anprobiert, holt die Verkäuferin einen zum Rock passenden Gürtel und eine modische Kette.

Gut! Die Verkäuferin versucht nicht nur einzelne Kleidungsstükke zu verkaufen, sondern ein komplettes Modebild!

Die Kundin kommt aus der Kabine und sagt: „Ich glaube, ich habe schon vorhin den richtigen Riecher gehabt. Die crèmefarbene Bluse ist die beste."

Verkäuferin: „Ich habe es fast geahnt, daß Sie sich für diese Bluse entscheiden würden. Deshalb habe ich in der Zwischenzeit noch ein paar Accessoires herbeigeholt, die Ihren Stil harmonisch unterstreichen."

Gut! Niemand kann zwar konkret etwas mit der Aussage „fast geahnt" anfangen! Diese Äußerung jedoch als Grund für die Präsentation von zusätzlichen Artikeln zu verwenden, (Begründungsmethode) ist gewitzt.

Kundin: „Oh, ich glaube, das sprengt meine finanziellen Möglichkeiten."

Verkäuferin: „Das kann ich gut verstehen. Es muß alles im Rahmen bleiben. Nur, warum sollten Sie nicht einfach einmal unverbindlich probieren?"

Gut! Die Verkäuferin zeigt Verständnis und bietet gleichzeitig die unverbindliche Anprobe an.

Verkäuferin gibt der Kundin die Kette und legt ihr den Gürtel an. Automatisch legt sich die Kundin die Kette um den Hals. Die Verkäuferin hilft beim Schließen des Kettenschlosses. Die Kundin dreht sich vor dem Spiegel und begutachtet sich kritisch. Eine Hand führt sie zum Kinn. Dabei zieht sie die Augenbrauen hoch. Dann senkt sie leicht den Kopf. Ihre Augen bewegen sich in die bildlich erinnernde Stellung.

Danach in die bildlich konstruierende Stellung

und dann

in die Stellung ‚innerer Dialog', also die Stellung, in der man mit sich selbst oder seiner inneren Stimme redet.) Dabei entspannen sich die Gesichtszüge, was auf eine unbewußte Kaufentscheidung hindeutet.

Die Verkäuferin beobachtet diesen Prozeß des Nachdenkens der Kundin und schweigt eine Weile. Erst als die Kundin ihre Aufmerksamkeit wieder nach außen richtet, spricht sie weiter: „Ich glaube, Sie haben eben darüber nachgedacht, ob Sie einen ähnlichen Gürtel oder eine vergleichbare Kette bereits besitzen... und sich dann vorgestellt, wie Sie mit dem Rock, der Bluse und den Accessoires wirken werden."

Gut! Die Verkäuferin wartet erst ab, bis die Kundin mit ihrem kleinen Selbstgespräch fertig ist und formuliert dann, was sie bei der Kundin aufgrund der Augenstellung festgestellt hat.

Kundin: „Stimmt, aber ich weiß noch nicht, ob ich mir das alles leisten kann.“

Verkäuferin: „Ja, es ist wirklich nicht leicht, sich zu entscheiden... und Sie haben innerlich sehr kritisch abgewogen. Lassen Sie mich kurz einmal die Preise zusammenzählen. Der Preis für den Rock, Bluse, Gürtel und Kette beträgt 360 DM.“

Gut! Die Verkäuferin geht respektvoll mit dem Preiseinwand der Kundin um.

Kundin: „Ich wollte ja eigentlich nur den Rock kaufen... und habe höchstens 150 DM eingeplant.“

Verkäuferin lächelt und schweigt.

Gut! Die Verkäuferin gibt der Kundin Zeit für eine Gedankenpause, die sich lohnt.

Kundin: „...allerdings gefällt mir alles zusammen sehr gut...“

Verkäuferin: „Ich kann verstehen, daß Sie zu einer unvorhergesehenen Mehrausgabe nur dann bereit sind, wenn Ihnen der Gegenwert wirklich gefällt...“

Gut! Diese „Ich-Botschaft“ der Verkäuferin ist verkaufsfördernd, weil sie einen Grund für das Überschreiten des ursprünglichen Limits mitliefert.

Kundin: „Ja..., ja... mir gefällt das ja alles sehr gut... (und gibt sich innerlich einen Ruck!). Na gut. Schönheit hat ihren Preis – wie alles in dieser Welt. Packen Sie alles ein!“

Verkäuferin: „Vielen Dank für Ihren Einkauf und viel Freude auf der Geburtstagsfeier" (und begleitet die Kundin zur Kasse).

Kundin: „Schönen Dank für Ihre Beratung. Ich habe zwar mehr Geld ausgegeben als geplant, aber ich glaube, daß es gut angelegt ist."

Verkäuferin: „Ich glaube auch, daß Sie sich richtig entschieden haben und bin sicher, daß Sie zufrieden sind."

Gut! Die Verkäuferin bestärkt noch einmal die Richtigkeit der Kaufentscheidung, die der Kundin nicht leichtgefallen ist. Dadurch verläßt die Kundin das Geschäft mit „seelischer Rückenstärkung".

Kundin: „Auf Wiedersehen!"

Verkäuferin: „Auf Wiedersehen."

# Fallbeispiel 2

Ein Mann mittleren Alters betritt die Herrenkonfektionsabteilung in Begleitung einer Dame. Offenbar ist die Dame die dominierende Persönlichkeit. Er bewegt sich etwas hilflos und zögernd.

Der Verkäufer begrüßt das Paar mit den Worten: „Guten Tag, was kann ich für Sie tun?“

Gut! Der Verkäufer eröffnet das Gespräch mit einer offenen Frage.

Frau: „Wir suchen einen Smoking für meinen Mann zur Ballsaison!“

Verkäufer: „Gern! Ich zeige Ihnen unsere große Auswahl“. Er weist mit der Hand auf den Warenbereich „Frack und Smoking“.

Gut! Der Verkäufer verstärkt mit dem positiven Wort „gern“ die Kundenäußerung und zeigt sich damit gleichzeitig kundenorientiert und motiviert.
„Gern“ ist besser als „selbstverständlich“

Die Ehefrau geht zielstrebig zu den Smokings, der Mann bewegt sich etwas lustlos hinterher. Der Verkäufer beobachtet, daß sich die Augen des Kunden mehr im akustischen Bereich bewegen, und zwar vom auditiv erinnernden hin zum auditiv konstruierenden und zurück.

auditiv erinnernd

auditiv konstruierend

Daraus zieht er den Schluß, daß die Frau das „Sagen“ hat. Die Frau nimmt einen Smoking vom Warenständer, bevor der Verkäufer überhaupt dazu kommt, etwas zu präsentieren.

(Ihre Augen wandern beim Befühlen des Materials in die Stellung „Gefühl, Geruch, Geschmack“ und dann in die „bildlich konstruierende“ Richtung.)

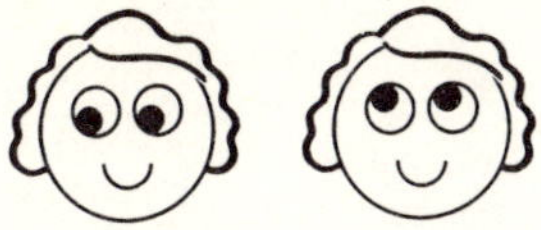

Kundin: „Der scheint ja ganz gut verarbeitet und auch sehr elegant geschnitten zu sein.“

Verkäufer: „Von Ihrem Empfinden her haben Sie vermutlich einen guten Griff getan. Deshalb sollte Ihr Mann ihn einfach einmal anprobieren. Dann wird es sich zeigen, ob der Smoking Ihren Vorstellungen entspricht.“

Gut! Der Verkäufer zeichnet mit Worten die Reihenfolge der Augenbewegungen der Frau nach und verstärkt bei der Aufforderung mit dem Wort „entsprechen“ noch einmal den auditiven Wahrnehmungskanal des Ehemannes.

Die Kundin lächelt ihren Mann herausfordernd an und sagt: „Karl, willst du ihn mal probieren?“
Der Kunde blickt etwas zögernd seine Frau und den Verkäufer an (und seine Augen bewegen sich in den auditiv konstruierenden Bereich).

Dann sagt er etwas zögernd: „Na gut, vielleicht sagt er mir ja zu.“

Der Kunde verwendet das Verb *„zusagen“*, was seine starke auditive Ausrichtung betont!

Verkäufer mit aufmunterndem Ton: „Vielleicht sprechen Sie der Schnitt und die Paßform an. Ob er Ihnen zusagt, hängt ganz von der Anprobe ab.“

Gut! Der Verkäufer verstärkt zur Erzielung einer stärkeren Übereinstimmung den auditiven Kanal!

Er begleitet den Kunden zur Anprobe. Danach kehrt er zurück zur Kundin, die sich bereits bei den Smokinghemden und den Fliegen orientiert. Sie lächelt den Verkäufer an und sagt: „Wissen Sie, Männer sind manchmal komisch! Sie wollen, daß ihre Frauen attraktiv ausschauen, aber selbst zeigen sie nichts her. Wenn ich meinen Mann nicht ständig drängen würde, trüge er glatt den Smoking und die Anzüge seines verstorbenen Vaters auf.“

Verkäufer: „Sie sind also dafür, daß auch die Männer in der Mode mithalten sollten und ihr gesamtes Erscheinungsbild vorzeigbar sein muß."

Gut! Der Verkäufer verwendet eine positive Rückformulierung und verwendet Worte, die den visuellen Sinneskanal der Kundin ansprechen.

Kundin: „Genau! Wenn ich nur an die Hemden meines Mannes denke, krieg' ich zuviel!" (Dabei bewegen sich ihre Augen in die bildlich erinnernde Stellung.)

Verkäufer: „Sie haben sich gerade einige modische Smokinghemden angeschaut. In welchem würden Sie Ihren Mann gern sehen?"

Gut! Der Verkäufer verstärkt den bildlich erinnernden Wahrnehmungsvorgang und bahnt durch eine offene Frage das Ergänzungsgeschäft an.

Die Kundin lächelt. (Dabei wandern ihre Augen in den bildlich konstruierenden Bereich.)

„Im taillierten, aber leider ist mein Mann dafür zu stämmig!"

Der Mann kommt aus der Kabine und fragt seine Frau: „Na, sagt er dir zu?"

Kundin: „Zeig dich mal von allen Seiten!“ (Nachdem sie ihn kritisch betrachtet hat, wandern die Augen in den bildlich konstruierenden Bereich)

und sie sagt: „Ja, so könntest du dich mit mir auf dem Presseball schon sehen lassen. Willst du noch einen anderen probieren?“

(Seine Augen bewegen sich in den Bereich „Selbstgespräch, innerer Monolog“)

und er sagt: „Ach, nein! Ich finde ihn auch sehr gut, mit dem kann man sicherlich nichts falsch machen!“

Kundin: „Typisch Mann! Schön, ich will dich nicht weiter quälen. Er sitzt ja wirklich wie angegossen. Aber du solltest mindestens noch zwei Hemden mitnehmen, damit du für die Ballsaison gut gerüstet bist!“

Mann: „Na gut! Such mir zwei passende aus!“

Kundin: „Hab' ich schon, Liebling!" und zum Verkäufer gewandt: „Bitte, geben Sie mir das etwas enger geschnittene und das im Normalschnitt! Beide mit Halsweite 40."

Verkäufer: „Gern! Ich freue mich, daß Sie so schnell das gefunden haben, (zur Kundin) was Ihnen gefällt und (zum Kunden gerichtet) das Sie wirklich anspricht. Darf ich Sie zur Kasse begleiten?"

Gut! Der Verkäufer verstärkt die schnelle Kaufentscheidung des Paares durch anerkennende Worte und geht zudem noch einmal mit den passenden Verben auf den jeweiligen Hauptsinneskanal der Partner ein.

Ehepaar: „Ja!"

Verkäufer: „Viel Spaß beim Presseball!"

Ehepaar: „Danke! Auf Wiedersehen!"

## Fallbeispiel 3

Eine Dame von etwa 30 Jahren betritt mit ihrem 7jährigen Sohn die Kinderkonfektionsabteilung.

Der Junge wirkt sehr selbstbewußt, spricht mit seiner Mutter im partnerschaftlichen Plauderton und nimmt die gesamte Umgebung mit wachen Augen auf. Mutter und Sohn gehen zum Hosenständer. Die Verkäuferin wartet beobachtend ab, bis die beiden sich näher mit der Ware befassen. Freundlich lächelnd nähert sich ihnen die Verkäuferin. Die Kundin erwidert deren Blick und sagt: „Wir wollen uns erst einmal orientieren. Ich suche eine strapazierfähige Hose für meinen Sohn."

Verkäuferin: „Gern! Möchten Sie erst einmal allein schauen, oder wünschen Sie schon jetzt meine Beratung?"

Gut! Die Verkäuferin bietet durch eine Alternativfrage die Beratung an. Dadurch, daß Beratung als zweite Alternative angeboten wird, steigt die Wahrscheinlichkeit, daß sie angenommen wird. Die zweite Alternative wirkt immer stärker als die erste.

Kundin: „Ach! Eigentlich können Sie uns jetzt gleich etwas zeigen!"

Verkäuferin nimmt Kontakt mit dem Jungen auf:
„Na, wie heißt du denn?"
Der Junge strahlt: „Mathias!"
Verkäuferin: „Und du möchtest also eine Hose, mit der du richtig herumtollen kannst!"
Mathias nickt.
Die Mutter streicht ihm übers Haar und lächelt (dabei gehen ihre Augen in den Gefühlsbereich):
„Mathias ist zwar ein lieber Junge,

aber wenn er bei uns im Park gespielt hat, sehen seine Sachen immer fürchterlich aus und sind schnell kaputt."

Gut! Die Verkäuferin schafft mit der Frage nach dem Namen des Jungen Sympathie und überträgt den von der Mutter formulierten Kaufwunsch auf den Jungen mit einer geschickten Rückformulierung. Sie bringt den Jungen damit auf die „Ja-Straße".

Verkäuferin: „Das kann ich verstehen."

Gut! Die Verkäuferin zeigt Verständnis.

Mathias (stolz): „Ich bin Räuberhauptmann einer großen Bande!" (Dabei gehen seine Augen von der bildlich erinnernden in die bildlich konstruierende Position, und er strahlt.)

Verkäuferin: „... und als Räuberhauptmann hast du schon tolle Erlebnisse gehabt und stellst dir vor, wie du vielleicht heute schon mit einer neuen Hose deine Spielkameraden anführst." Mathias nickt und schmiegt sich an seine Mutter. (Dabei gehen seine Augen in den Bereich „Gefühl, Geruch, Geschmack".)

Gut! Die Verkäuferin vollzieht die Augenbewegungen des Jungen mit Worten nach und erzeugt damit Übereinstimmung.

Verkäuferin: „Du sollst dich als Räuberhauptmann in deiner Hose richtig wohlfühlen. Welche Farbe soll denn die Hose haben?"

Gut! Mit dem Wort wohl*fühlen* sorgt die Verkäuferin für eine Übereinstimmung mit der Augenstellung des Jungen.

Mathias: „Ich will eine knallrote Cordhose!"

Kundin: „Aber Mathias, die Cordhose ist doch im Nu durchgescheuert!"

Mathias (mit Trotzmiene): „Ich will aber eine rote Hose."
(Dabei wandern seine Augen von der bildlich konstruierenden Position in die Stellung „Gefühl, Geruch, Geschmack" und zurück.)

Verkäuferin: „Du hast eine ganz besondere Vorstellung von deiner roten Hose, in der du dich wohlfühlen willst! Und vielleicht stellst du dir bereits vor, wie du mit deinen Spielkameraden Räuber und Gendarm spielst."

Gut! Wieder vollzieht die Verkäuferin den Wechsel der Sinneskanäle des Kindes mit Worten nach und erzeugt somit unbewußte Übereinstimmung.

Mathias: „Mmh!"

Verkäuferin: „Möchtest du eine Hose, die viel aushält?"

Gut! Die Verkäuferin fragt den Jungen nach der Strapazierfähigkeit und lenkt ihn damit vom Material weg! Durch die fragende Wiederholung des Farbwunsches bringt sie ihn auf die „Ja-Straße".

Mathias: „Ja!"

Verkäuferin: „Und die soll rot sein?"

Mathias: „Ja!"

Verkäuferin: „Prima, Mathias, wie soll denn so ein richtiger Räuberhauptmann aussehen?"
(Bei Mathias gehen die Augen von der bildlich konstruierenden Position in den Bereich „Selbstgespräch" und danach in den auditiv konstruierenden Bereich.)

Gut! Im folgenden läßt die Verkäuferin den kleinen Kunden durch offene Informationsfragen das gesamte Wunscherscheinungsbild selbst entwickeln. Dadurch wird das Ergänzungsgeschäft schon eingeleitet.

Nach einer kleinen Gedankenpause sagt er: „Ein Räuberhauptmann trägt ein kariertes Hemd. Und eine rote Hose."
Verkäuferin: „Und wie sieht die Hose aus?"

(Mathias bewegt die Augen in den visuell konstruierenden Bereich.)

und sagt zögernd: „Ich glaube, er trägt eine Latzhose."

Mutter und Verkäuferin zwinkern sich zu.
Die Kundin sagt: „Du hast doch aber schon eine Latzhose!"
Mathias: „Aber keine rote!"
Verkäuferin: „Hast du dich in deiner Latzhose wohlgefühlt?"
Mathias: „Ja!"

Gut! Die Verkäuferin verstärkt durch geschlossene Informationsfragen die „Ja-Straße" des Kindes.

Verkäuferin: „Soll die rote Latzhose so ähnlich sein?"
Mathias: „Ja!"
Kundin: „Aber bitte nicht aus Cord, mein Liebling! Du strapazierst sie mir zu stark. In zwei Wochen ist sie blank gescheuert!"
Verkäuferin geht zum Warenständer und holt eine rote Jeanslatzhose hervor.
Verkäuferin: „Mathias, wie gefällt dir diese Hose?"

Gut! Die Verkäuferin spricht den Jungen mit seinem Namen an und analysiert mit einer offenen Meinungsfrage weiter.

Mathias zögert nachdenklich.

Mutter: „Na, willst du sie mal probieren?"

Mathias etwas vorlaut: „Na gut."
Die Verkäuferin zeigt der Kundin und ihrem Sohn die Umkleidekabine und läßt sie allein. In der Zwischenzeit holt sie ein kariertes Hemd und wartet auf die beiden. Mathias kommt an der Hand seiner Mutter strahlend aus der Kabine.
Kundin: „Na, Mathias, wie findest du dich? Schau dich mal von allen Seiten im Spiegel an!"
Mathias: „Die Hose ist prima!"
Verkäuferin: „Und wie sitzt sie im Schritt?"
Kundin: „Mathias, bück dich mal!"
Mathias bückt sich (und dabei gehen seine Augen in den Bereich „Gefühl, Geschmack, Geruch").

Verkäuferin: „Kannst du dich gut in ihr bewegen? Fühlst du dich in der Hose wohl?"

Gut! Mit der Frage nach dem Bewegungskomfort und dem Wohlgefühl verstärkt die Verkäuferin den durch die Augenstellung wahrnehmbaren Sinneskanal „Gefühl, Geruch, Geschmack".

Mathias nickt.
Kundin: „Prima. Dann kaufen wir die Hose."

Verkäuferin: „... und was halten Sie von diesem karierten Hemd für den Räuberhauptmann?"
(Die Augen der Kundin wandern vom bildlich erinnernden in den bildlich konstruierenden Bereich.)

(Mathias' Augen wandern vom bildlich konstruierenden Bereich in den Bereich „Gefühl, Geruch, Geschmack" und dann wieder zurück in den bildlich konstruierenden Bereich, und er strahlt.)

Kundin: „Was kostet das Hemd?"
Verkäuferin: „Der Preis beträgt fünfunddreißig Mark."

Gut! Das Wort „Preis" löst unbewußt eine Gedankenverbindung zu dem Wort „Gewinn" aus! Das ist positiver als „Kosten".

Kundin: „Was? Soviel gibt ja mein Mann für seine Hemden aus. Und der ist ein ausgewachsener Hüne!"
Verkäuferin: „Ja, und für diesen Preis bekommt Ihr Sohn genau das Hemd, das er sich gewünscht hat. Es tut mir übrigens leid, daß ich Ihnen noch gar nicht gesagt habe, daß es aufwendiger ist, Kinderkonfektion herzustellen als

Gut! Die Verkäuferin arbeitet mit der JA-UND-METHODE und wendet danach die „Entschuldigungsmethode" an.

Kleidung für Erwachsene. Wegen der kleineren Größen müssen die Näherinnen sorgfältiger zuschneiden und verarbeiten."
(Die Augen der Kundin gehen vom auditiv erinnernden über den bildlich konstruierenden bis in den auditiv konstruierenden Bereich.)

Die Kundin zögert: „Ich weiß nicht, die 89 Mark für die Hose sind schon ganz schön happig! Sie wissen ja, daß die Kinder sehr schnell aus den Sachen herausgewachsen sind, und dann geht spätestens nach einem halben Jahr das Geldausgeben schon wieder los. Das ist ein Faß ohne Boden!"

Verkäuferin: „Ich kann Sie verstehen, daß Sie an Ihre Finanzen denken müssen. Ich habe Ihnen das Hemd gezeigt, weil Mathias genau aufgezeigt hat, wie er als Räuberhauptmann aussehen will, und weil er sich in der Hose wohlfühlt und sich seinen Kameraden entsprechend zeigen will."
Mathias: „Mama, ich finde das Hemd sehr schön! Kauf' es mir doch bitte."

Gut! Die Verkäuferin sendet eine Ich-Botschaft und setzt mit der Begründungsmethode fort.

Kundin: „Mathias, ich muß mit jedem Pfennig rechnen! Du weißt, daß Papi und ich ein Haus bauen wollen."
Mathias verzieht sein Gesicht: „Och! Ich helfe doch auch Steine schleppen, wenn es soweit ist! Und meine Freunde auch!"
Kundin und Verkäuferin lachen herzhaft.
Die Verkäuferin holt das Hemd aus der Verpackung und entfaltet es. Dann sagt sie zur Kundin: „Übrigens, das Hemd ist ziemlich großzügig geschnitten, so daß Mathias es länger als üblich tragen kann."

Gut! Die Verkäuferin „versöhnt" die Kundin mit dem Produktvorteil „längere Tragezeit als üblich".

Kundin mit versöhnlichem Blick zu Mathias: „Na gut, in Gottes Namen, hoffentlich schimpft Papa nicht!"
Mathias strahlt: „Danke, Mama! Ich glaube, Papa findet das Hemd auch gut!"
Die Verkäuferin lächelnd: „Ich glaube, daß dein Vater stolz auf dich sein wird."

Gut! Die Verkäuferin verstärkt sowohl beim Kind als auch bei der Mutter die Kaufentscheidung.

... und zur Kundin gewandt: „Darf ich Sie zur Kasse begleiten?"
Kundin: „Ja, gern!"
Verkäuferin: „Ich danke Ihnen für den Einkauf. Ich glaube, Sie haben Ihrem Sohn damit viel Freude gemacht."
Kundin: „Besten Dank für Ihre Beratung! Auf Wiedersehen."

## Fallbeispiel 4

Eine Kundin betritt die DOB-Abteilung. Die Verkäuferin beobachtet sie aus der Distanz. Die Kundin wirkt unentschlossen; ihre Schritte sind unregelmäßig. Schließlich bleibt sie mit leicht nach vorn gebeugten Schultern vor einem Blusenständer stehen und beginnt, die Blusen durchzusehen. Sie nimmt eine heraus, hält sie vor sich, schüttelt den Kopf und hängt sie wieder zurück. Sie greift nach einer anderen, schüttelt wiederum den Kopf. Schließlich greift sie nach einer dritten Bluse. Ihre Schultern straffen sich leicht. Sie behält die Bluse in der Hand und wiegt ihren Kopf leicht hin und her.
(Während des Vorgangs wechseln ihre Augen zwischen dem Bereich des Selbstgesprächs und dem auditiv erinnernden Bereich. Bei der dritten Bluse drehen sie sich kurz in den gefühlsmäßigen und dann wieder in den auditiv erinnernden Bereich.)

Die Verkäuferin ist nun nähergekommen.

Verkäuferin: „Wie sprechen Sie die Farbtöne an?"

Gut! Die Verkäuferin spricht mit „sprechen" und „Farbtöne" die auditiven Kanäle der Kundin an.

Kundin: „Ich weiß nicht so recht. Doch ich glaube, viel besser als bei den ersten beiden Blusen. Nur, na ja, das Blau stört mich." (Ihre Augen sind im auditiv erinnernden Bereich.)

Verkäuferin: „Sie wünschen sich also eine andere Farbkomposition der Bluse! Ein anderer Farbton statt Blau würde Ihnen zusagen."

Gut! Die Verkäuferin baut eine Übereinstimmung mit der Kundin auf, indem sie mit Worten, die den auditiven Bereich treffen, das Bedenken der Kundin reformuliert und dann die Kundenwünsche mit einer Kontrollfrage zu analysieren beginnt.

Kundin: „Ja, blau wirkt so kalt auf mich. Ich ziehe warme Farbtöne vor. Wissen Sie, ich mag diese grellen Farben nicht." (Dabei wechseln ihre Augen vom auditiv erinnernden in den gefühlsmäßigen Bereich und dann wieder in den auditiv erinnernden Bereich.)

Verkäuferin: „Sie fühlen sich mehr von warmen Farbtönen angesprochen. Denken Sie auch an einen bestimmten Schnitt der Bluse?

Richtig! Die Verkäuferin analysiert weiter.

Kundin: „Darüber habe ich noch gar nicht nachgedacht. Ich will mir einfach eine neue Bluse kaufen. Und heute scheint es ja schwierig, nicht so grelle Farben zu finden".
(Ihre Augen verbleiben im auditiv erinnernden Bereich.)

Verkäuferin: „Sie sind also hinsichtlich des Schnitts offen und wünschen sich in erster Linie warme, harmonische Farben."

Gut! Die Verkäuferin intensiviert die Übereinstimmung mit der Kundin und baut damit Vertrauen auf.

Kundin: „Ja! Wenn ich's mir recht überlege, mag ich an der jetzigen Mode nur die schreienden Farben nicht".
(Ihre Augenstellung wechselt vom auditiv erinnernden in den gefühlsmäßigen Bereich.)

Verkäuferin: „Ich denke, ich habe Blusen, deren Form Ihnen zusagt und deren Farbtöne Ihrem Geschmack entsprechen!"

Gut! Die Verkäuferin nutzt nun die Übereinstimmung, um auf die Ware aufmerksam zu machen. Sie paßt sich mit den Worten „zusagen“ und „Farbtöne“ dem auditiven Kanal an und wechselt mit dem Wort Geschmack in das Augenbewegungsmuster „Gefühl, Geruch, Geschmack“ über. Dadurch erzeugt sie weitere Übereinstimmung.

Die Verkäuferin entnimmt einem seitlich stehenden Regal zwei Blusen.

Beide haben kein Blau, aber eine dezente Farbkomposition. Eine legt sie vor der Kundin aus, die andere seitlich daneben.

Verkäuferin: „Wie gut stehen diese Farben im Einklang mit Ihren Überlegungen?“

Gut! Mit der offenen Meinungsfrage, abgestimmt auf den von der Kundin hauptsächlich verwendeten Sinneskanal, läßt sie die Kundin gedanklich gewähren und demonstriert gleichzeitig Vertrauen.

Die Kundin nimmt die eine Bluse zur Hand und betrachtet sie.
Kundin: „Das sind sehr warm wirkende Farben.“
(Ihre Augen gehen dabei in den gefühlsmäßigen Bereich.)

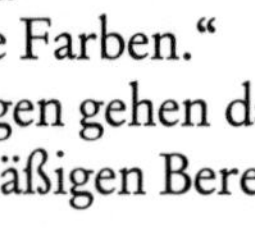

„Ist das meine Größe?“

Verkäuferin: „Ich habe das Gefühl, daß Sie mit Größe 38 richtig liegen."

Gut! Die Verkäuferin verstärkt den Sinneskanal „Gefühl" durch ihre Formulierung.

Kundin: „Ja, da haben Sie richtig geschätzt."

Verkäuferin: „Beide Blusen sind Größe 38."

Die Kundin blickt nun auf die andere Bluse.
„Oh, das sind ja auch sehr dezente Farben!"
(Ihre Augen gehen dabei in den auditiv erinnernden Bereich.)

„Sie können gern beide mal anprobieren; dann können Sie an sich selbst überprüfen, ob die Farbtöne Ihnen zusagen."

Gut! Die Verkäuferin hat bemerkt, daß die Kundin die Alternative positiv registriert hat und fordert sie zur Anprobe auf. Dabei verwendet sie auditive Worte wie „Farbton" und „zusagen".

Kundin kommt aus der Umkleidekabine zurück.

Verkäuferin: „Welche Bluse stimmt mit Ihren Überlegungen überein?"

Gut! Mit der offenen Frage wieder im hauptsächlich verwendeten Sinneskanal der Kundin, kann die Verkäuferin die Kundenwünsche analysieren.

Kundin: „Ich kann mich gar nicht recht entscheiden. Erst hatte ich die Hoffnung fast schon aufgegeben, etwas für mich zu finden. Nun habe ich gleich zwei Blusen, die meinen Vorstellungen entsprechen.“
(Ihre Augen wechseln dabei vom Bereich des Selbstgesprächs in den auditiv erinnernden Bereich.)

Kaufentscheidung, auch wenn noch nicht deutlich ist, welche der beiden Blusen gekauft wird.

Verkäuferin „Ihnen sagen also beide zu! Das freut mich! Soll ich Ihnen beide einpacken?“

Die Verkäuferin verstärkt durch die Rückformulierung und die Äußerung „Das freut mich!“ die positive Grundhaltung zur Ware. Es ist zwar etwas gewagt, ungeniert mit einer Informationsfrage auf den Kaufabschluß zu zielen, aber wenn der Verlauf des Gesprächs bislang positiv verlief, darf man so eine Frage wagen.

Kundin: „Ja. Aber ich weiß nicht so recht, zu welchem meiner Röcke diese Bluse (sie weist auf die eine der beiden) paßt.“
(Nun sind ihre Augen im Bereich des Selbstgesprächs.)

Verkäuferin: „Gut, deshalb sollten wir noch einen passenden Rock finden.“

Gut! Geschickt setzt die Verkäuferin die Begründungsmethode ein.

Kundin blickt überrascht und lächelt zum erstenmal: „Ja, Sie haben meine Versuchung genau erkannt."
(Jetzt bewegen sich ihre Augen in den Bereich des Gefühls und dann wieder in den auditiv erinnernden Bereich.)

Verkäuferin: „Gut! Dann hole ich Ihnen einige harmonisch auf die Bluse abgestimmte Röcke. Einverstanden?"

Kundin: „Ja, danke! Das hört sich gut an!"

Die Verkäuferin kommt mit drei Röcken zurück.

Verkäuferin: „Welcher sagt Ihnen am meisten zu?"

Gut! Durch die offene Frage aktiviert sie die Kundin. Sie ist positiv formuliert und spricht mit dem Wort „zusagen" auch noch den überwiegend verwendeten auditiven Sinneskanal an.

Kundin: „Der zweite. Den probiere ich an. Der harmoniert bestimmt mit den beiden Blusen."

Die Kundin kommt aus der Kabine zurück und freut sich. (Dabei gehen ihre Augen vom auditiv erinnernden in den gefühlsmäßigen und dann wieder in den auditiv erinnernden Bereich.)

Verkäuferin: „Offensichtlich spricht Sie die Kombination an!"

Die Verkäuferin hat gut beobachtet und bestärkt die Kundin in ihrer Freude.

Kundin: „Ja, völlig richtig. Das ist ja heute ein richtiger Glückstag für mich. Ich kaufe beide Blusen und den Rock.
(Nun sind ihre Augen im Bereich des Gefühls.)

Mit „Glückstag" wird die Kaufentscheidung deutlich.

Verkäuferin: „Ich bin überzeugt, daß Sie sich mit den beiden Blusen und dem Rock sehr wohl fühlen werden. Übrigens, mein Name ist Silvia Sommer; ich berate Sie auch in Zukunft gern!"

Nachdem die Kundin sich entschieden hat, bestärkt die Verkäuferin sie in ihrem Kaufabschluß und verstärkt durch das Wort „wohlfühlen" den gefühlsmäßigen Sinneskanal. Zudem verbindet sie die Möglichkeit eines späteren Zusatzgeschäfts mit dem Einbringen ihrer Person durch persönliches Vorstellen.

Kundin: „Das ist sehr freundlich von Ihnen. Ich nehme Ihre Beratung gern wieder in Anspruch. Herzlichen Dank und auf Wiedersehen."

# Fallbeispiel 5

Ein Kunde betritt das Geschäft eines Herrenausstatters, schaut sich um und bleibt vor einem dekorierten dunklen Anzug stehen. Er betrachtet ihn sich eine Weile und greift kurz nach einem Ärmel. (Augen im bildlich erinnernden Bereich.)

Ein Verkäufer nähert sich ihm. Verkäufer: „Guten Tag. Wie gefällt Ihnen der Anzug?“

Gut! Der Verkäufer hat beobachtet, wie der Kunde den Anzug betrachtet und stellt eine offene Frage zur Gesprächseröffnung!

Kunde: „Gut! Wissen Sie, ich suche seit einiger Zeit einen grauen oder schwarzen Anzug. Dann habe ich gleich den hier gesehen (zeigt mit einer Handbewegung auf den dekorierten Anzug) und mir gesagt, diesen mal näher anzuschauen.“
(Seine Augen gehen vom Bereich der bildlichen Erinerung in den des Selbstgesprächs und dann wieder in den Bereich bildlicher Erinnerung.)

Die Vorgabe des Kunden ist seine Suche nach einem grauen oder schwarzen Anzug und sein Interesse am dekorierten Modell.

Verkäufer: „Möglicherweise erinnert Sie dieser Anzug an einen, der Ihnen früher gut gefiel, und Sie fragen sich, ob dieser Anzug vom Stil her ähnlich aussieht."

Gut! Der Verkäufer entspricht mit seiner Wortwahl genau der Abfolge der Augenbewegungen des Kunden.

Kunde: „Ja, richtig." (Augen im Bereich der bildlichen Erinnerung.)

Verkäufer: „Gerade weil Ihnen dieser von der Optik her sehr zusagt, nehme ich an, daß Sie einen Anzug suchen, den Sie mehr für besondere Anlässe tragen wollen?"

Gut! Der Verkäufer verwendet die Begründungsmethode („gerade weil") als Aufhänger für die weitere Analyse. Durch seine Worte aus dem bildlichen Bereich spricht er den Haupt-Sinneskanal des Kunden an. Durch die versteckte Frage verfeinert er seine Analyse.

Kunde: „Ja, völlig richtig. Ich suche seit längerem einen schönen und gleichzeitig festlich wirkenden Anzug, den ich im Rahmen meiner beruflichen Tätigkeit zu besonderen offiziellen Anlässen tragen kann."
(Die Augen des Kunden gehen dabei vom bildlich erinnernden Bereich in den bildlich konstruierenden Bereich.)

Hier gibt der Kunde weitere Hinweise, unter welchen Gesichtspunkten er einen Anzug kaufen möchte.

Verkäufer: „Sie sahen sich gerade bei einem dieser Anlässe. Vielleicht stellen Sie sich jetzt gerade vor, wie Sie in diesem Anzug ausschauen?“ Der Kunde lacht zustimmend.

Verkäufer: „Ich möchte Ihnen allerdings nicht dieses Modell empfehlen.“
Der Kunde schaut überrascht, zieht die Augenbrauen fragend hoch.
(Seine Augen gehen dabei in den auditiv erinnernden Bereich.)

Verkäufer: „Ich meine, dieses Modell hat für Männer unserer Größe einen zu langen Jackenschnitt. Wir sehen darin kleiner aus im Verhältnis zu unserer tatsächlichen Größe. Ziehen Sie sich einmal die Jacke an. Dann werde ich Ihnen ein anderes Modell zeigen, bei dem die Jacke unserer Größe entsprechend etwas kürzer geschnitten ist. Sie können dann selbst sehen, was ich meine.“
Während der Kunde mit der übergezogenen Jacke vor den Spiegel tritt, holt der Verkäufer das andere Modell, einen mittelgrauen Anzug, klassisch geschnit-

Gut! Dem Wechsel vom bildlich erinnernden zum bildlich konstruierenden Teil mit der Wortwahl entsprochen ...und die vorhergehende Bestätigung des Kunden mit einbezogen für die Frage.

Gut! Der Verkäufer nutzt die Übereinstimmung mit dem Kunden, um ihn auf ein anderes Modell aufmerksam zu machen und begründet dies dann auch sofort mit einem sachlichen Argument. Gleichzeitig gibt er eine weitere Möglichkeit der Übereinstimmung und weist den Kunden auf seine mittlere Größe hin, ohne ihn dabei klein zu nennen.

ten, und breitet ihn auf dem Vorlagetisch aus. Der Kunde tritt vom Spiegel zurück.
(Seine Augen gehen vom bildlich erinnernden in den gefühlsmäßigen und dann wieder in den bildlich erinnernden Bereich.)

Kunde: „Sie haben recht, die Jakke wirkt durch ihre Länge, als sei sie mir etwas zu groß, obgleich sie in den Schultern gut sitzt und mir die Ärmel nicht zu lang sind. Kann ich den anderen Anzug einmal sehen?“

Der Kunde gibt zu verstehen, daß ihm diese Argumentation einleuchtet.

Der Verkäufer zeigt nun auf das ausgebreitete Modell: „Sehen Sie, dies ist der Anzug mit der etwas kürzer geschnittenen Jacke in Mittelgrau.“

Während der Kunde sich selbst von der Argumentation des Verkäufers überzeugen kann, nutzt dieser die Gelegenheit, das andere Modell zu präsentieren. Mit „kürzer geschnitten“ spricht er ebenfalls den bildlich erinnernden Bereich an.

Der Kunde tritt heran, schaut sich den Anzug an und greift mit der einen Hand nach dem Stoff, reibt ihn langsam zwischen dem Daumen und den Fingern.
(Seine Augen gehen dabei vom Bereich der bildlichen Vorstellung in den gefühlsmäßigen Bereich.)

Verkäufer: „Das Material ist reine Seide. Ein sehr angenehm zu spürender und leicht zu tragender Stoff, der wohltuend aufliegt!“
Der Kunde tritt zurück. (Dabei gehen seine Augen in den Bereich der bildlichen Vorstellung.)

Gut! Mit der Aussage geht der Verkäufer gänzlich auf den gefühlsmäßigen Bereich der Augenstellungen des Kunden ein.

Verkäufer: „Sie stellen sich gerade vor, wie Sie in dem Anzug aussehen?“

Gut! Diese Aussage bezieht auch die vorausgegangenen Beobachtungen mit ein. Der Verkäufer greift zudem auf Gesprächsbeiträge zurück, um strategisch zu argumentieren.

Kunde: „Ja, richtig! Ich ziehe mir die Jacke an, auch um den Unterschied zu sehen.“
(Die Augen des Kunden sind noch immer im bildlich konstruierenden Bereich.)

Der Verkäufer hilft dem Kunden in die Jacke. Der tritt vor den Spiegel und betrachtet sich. Dreht sich, schaut sich von der Seite an. Geht wieder in die Frontale. Dann streift er mit der Hand langsam prüfend über den Stoff. (Dabei gehen seine Augen vom bildlich konstruierenden Bereich in den gefühlsmäßigen.)

Verkäufer: „Ich sehe, der Schnitt kleidet Sie wirklich vorteilhafter, und Sie fühlen sich sehr wohl in der Jacke."

Gut! Der Verkäufer verstärkt seine Argumentation in den Wahrnehmungsbereichen, in denen der Kunde selbst die Prüfung vornimmt.

Kunde: „Sie haben mit der Jacke und dem Stoff genau meinen Geschmack getroffen. Und mit der Länge (dabei schaut er sich wieder im Spiegel an) haben Sie recht. Darauf hat mich noch kein Verkäufer aufmerksam gemacht. Diese Länge kleidet mich tatsächlich besser. Dazu ist der Stoff nicht nur sehr angenehm zu fühlen, sondern sieht auch noch schön aus." (Jetzt sind seine Augen wieder im Bereich der bildlichen Erinnerung und gehen in die bildlich konstruierende Vorstellung.)

Damit gibt der Kunde nicht nur die Übereinstimmung mit dem Verkäufer zu verstehen, sondern auch, daß er im Grunde schon von der Qualität und dem Aussehen des Anzuges überzeugt ist.

Verkäufer: „Ich vermute, Sie sehen sich gerade in dem neuen Anzug bei einem Ihrer gesellschaftlichen Anlässe?"

Gut! Der Verkäufer hat sich ganz auf die Wünsche des Kunden hinsichtlich des Verwendungszwecks des Anzuges eingestellt und gibt ihm dies zu verstehen.

Kunde: „Ja, das haben Sie richtig erraten."

Verkäufer: „Um das Bild weiter zu vervollständigen, ziehen Sie doch bitte auch die Hose über!"

Gut! Der Verkäufer bereitet den Weg für den Kaufabschluß vor, indem er den Kunden zur kompletten Anprobe auffordert.

Der Verkäufer begleitet den Kunden zur Umkleidekabine, schließt hinter ihm den Vorhang.
Der Kunde kommt aus der Kabine, tritt vor den Spiegel, dreht sich zur Seite, geht langsam vor dem Spiegel auf und ab, sich dabei lächelnd ansehend.

Verkäufer: „Sie gefallen sich in dem Anzug?"

Gut! Der Verkäufer spricht das aus, was der Kunde fühlt und erzeugt damit wieder Übereinstimmung.

Kunde: „Ja". (Dabei gehen seine Augen in den bildlich konstruierenden Bereich.)

Verkäufer: „Und Sie stellen sich vor, wie Sie sich in ihm in verschiedenen Situationen bewegen?"

Gut! Der Verkäufer leitet in seiner Aussage mit seinen Worten vom bildlich konstruierenden Bereich der Augenstellung des Kunden zu dem zuvor beobachteten Verhalten des Kunden vor dem Spiegel über.

Kunde: „Ja, nur die Hose ist mir im Bund etwas zu weit."

Verkäufer: „Ja – und das kann unsere Schneiderin binnen einer halben Stunde für Sie passend ändern. Darf ich einmal sehen, wieviel wir abändern müssen?"

Gut! Der Verkäufer bietet sofort mit der Ja-und-Methode eine Problemlösung an.

Kunde: „Den Anzug möchte ich gern kaufen. Er gefällt mir. Wie teuer ist er eigentlich?"

Verkäufer: „Der Preis beträgt 890 DM."

Gut! Der Verkäufer verwendet das Wort „Preis" statt „kostet". Das Wort Preis ist positiv „besetzt", während „kosten" im Verkaufsgespräch negativ wirkt.

Kunde: „Oh, das ist weit mehr als ich für einen Anzug ausgeben wollte!"
(Die Augen wandern vom bildlich erinnernden in den Bereich des Selbstgesprächs, dann wieder in den bildlich erinnernden Bereich.)

Verkäufer: „Ich kann verstehen, daß Sie glauben, mit der Anschaffung dieses wertvollen Anzuges Ihr Budget zu strapazieren. Sie wägen jetzt ab, ob die Exklusivität und ihr Preis durch die Besonderheit der Anlässe, zu denen sie ihn tragen wollen, ihre Berechtigung haben. Meinen Sie nicht auch, daß es Ihnen Freude macht, sich in einem exklusiv aussehenden Anzug zu zeigen?"
Der Kunde überlegt offensichtlich.
(Seine Augen gehen dabei wiederholt zwischen dem Bereich des bildlich konstruierenden und dem des Selbstgespräches hin und her und verharren schließlich einen längeren Moment im bildlich erinnernden Bereich.)

Gut! Der Verkäufer sendet eine Ich-Botschaft und setzt mit der Begründungsmethode fort.

Dann blickt er den Verkäufer direkt an.

Kunde: „Ja, Sie haben recht. Dies ist wirklich der beste Anzug, den ich bisher sah. Und eigentlich besteht kein Grund, mir nicht einmal einen derart feinen Anzug zu kaufen. Ich nehme ihn. Und wenn ich mir ein so schönes Stück zulege, möchte ich gern ein

Klare Kaufentscheidung! Verbunden mit Folgekäufen.

passendes Hemd, aber kein weißes, und eine passende Krawatte dazu."
(Seine Augen sind im bildlich erinnernden Bereich.)

Verkäufer: „Was halten Sie von einem Hemd in dezentem Hellgrau und einer dazu passenden Krawatte, ebenfalls wie der Anzug aus reiner Seide? Da sind ganz neue eingetroffen."

Gut! Der Verkäufer verpackt sein Zusatzangebot in eine offene Frage.

Kunde: „Ja, zeigen Sie sie mir!"

Der Verkäufer holt die Artikel und legt sie dem Kunden vor. (Dessen Augen leuchten begeistert und sind im bildlich konstruierenden Bereich.)

Der Kunde nimmt die Krawatte in die Hand, betrachtet sie, läßt sich das Hemd geben und legt die Krawatte drauf.

Verkäufer: „Schauen Sie" – dabei nimmt er das Hemd und die Krawatte dem Kunden freundlich aus der Hand und hält beide Stücke dicht seitlich an den Anzug, so daß der Kunde auch im Spiegel se-

Gut! Der Verkäufer vervollständigt das Bild, und der Kunde kann es sich anschauen.

hen und vergleichen kann – „wie die Zusammenstellung aussieht!“ Der Kunde schaut in den Spiegel: „Wunderschön. Die beiden nehme ich dazu.“

Verkäufer: „Wie gefiele Ihnen ein zum Anzug passender Gürtel?“ (Die Augen des Kunden sind nun im bildlich erinnernden Bereich.)

Gut! Eine auf den Wahrnehmungsbereich des Kunden abgestimmte Frage, die auf die Vervollständigung der Gesamterscheinung abzielt.

Verkäufer: „Sie überlegen gerade, ob Sie zu Hause einen passenden haben?“

Der Kunde lacht: „Ja, genau. Und ich habe einen. Allerdings ist er mir nicht fein genug für diesen Anzug.“

Gut! Der Verkäufer bringt einmal mehr sein „Auf-der-gleichen Wellenlänge-liegen-mit-dem-Kunden“ zum Ausdruck.
Der Kunde freut sich. Nachdem er sich entschieden hat, sind seine Bedenken offensichtlich ganz geschwunden, jetzt mehr Geld auszugeben als zuvor beabsichtigt.

Verkäufer: „Ich kann Ihnen einen anbieten, der genau zu diesem Anzug paßt. Einen dunkelgrauen Ledergürtel mit einem feinen Seideneinsatz.“
Geht, kommt mit dem Ledergürtel zurück und zeigt ihn dem Kunden.
Der nimmt ihn in die Hand, betrachtet ihn.
(Seine Augen gehen vom bildlich erinnernden in den gefühlsmäßigen und dann wieder in den erinnernden Bereich.)

Gut! Der Verkäufer bleibt ganz auf der Linie des Exklusiven, greift unmittelbar das „nicht fein genug“ auf und bietet einen Gürtel mit Seideneinsatz an.

Verkäufer: „Ich sehe, daß auch der Gürtel Ihnen gefällt und Sie sich in dieser Zusammenstellung wohlfühlen. Sie werden sicherlich viel Freude daran haben, und der klassische Schnitt gibt Ihnen überdies die Möglichkeit, bei verschiedenen Anlässen gut auszuschauen."

Gut! Der Verkäufer bleibt auch jetzt mit seinen Worten ganz im Bereich der Wahrnehmungen des Kunden und bestärkt die Richtigkeit seiner Kaufentscheidung. Er gibt die Wahrnehmungsbereiche des Kunden mit Worten wieder.

Kunde: „Sie wissen vielleicht, daß ich heute zum ersten Mal Ihr Geschäft aufgesucht habe, in erster Linie um mir einen Überblick über Ihr Angebot zu verschaffen. Ihre auf mich abgestimte Beratung hat mir so gut gefallen, daß ...(er lacht) Sie haben soeben einen neuen Kunden gewonnen. Ich danke Ihnen für Ihre ausgezeichnete Beratung."

Hier bringt der Kunde nun selbst sehr deutlich zum Ausdruck, wie die auf ihn „abgestimmte" Beratung ihn überzeugt hat.

Verkäufer: „Ich danke Ihnen. Ich freue mich, daß Sie zufrieden sind. Ich berate Sie gern wieder ... Mein Name ist Kurt Kluge."

Gut! Der Verkäufer nutzt die vom Kunden gemachte Vorgabe und verbindet sie mit der Möglichkeit weiterer, in der Zukunft liegender Geschäfte mit dem Einbringen seiner eigenen Person durch persönliches Vorstellen.